不敢不乐

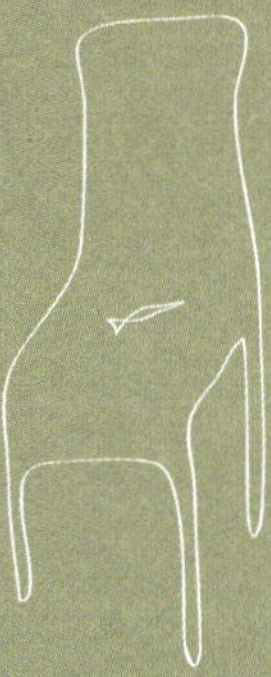

韩良露 / 著
朱全斌 / 插画 / 摄影

长江出版传媒
长江文艺出版社

不乐

目录

CONTENTS

附录——闲情偶寄（节选）——李渔

良露的文字是有温度的，如同李渔，相隔三百年，
他们如知己，良露有闲情，李渔也有闲情，
他们大概都鄙视借口没有“闲情”而把生活搞得一塌糊涂的知识分子吧。

推荐序

口齿留香

——韩良露和李渔的“闲情偶寄”

蒋勋

韩良露写李渔《闲情偶寄》的文字以前零散看过，这一次把整册文稿带在身边，在旅途中一篇一篇重看，特别有趣味。

旅途第一站在旧金山奥克兰（Oakland），朋友邀我去一家叫 Chez Panisse 的餐厅，吃到当季、当地极新鲜有机种植的栉瓜花，拌着腌制橘皮丝，吃着吃着就想念起良露来了，她在许多书里强调的也就是“当季”、“当地”。

良露走得突然，许多人怀念她，怀念她书写生活里的点点滴滴，吃的、住的、露台上种的花草、二十四节气的变化，旅途中一个一个城市的食衣住行，不同的传统文明，人如何在小小生活琐事里积累出文明的厚度。

是的，小小的生活中的琐事。她好像都不谈大事情，许多人因此先入为主，把良露归在“美食家”，好像她只关心吃。

吃，的确是她关心的，民以食为天，她却像是借着吃做基础，推动着生活的品味。从吃出发，扩大成为对生活整体“品味”的关心。

“品味”自然是文明的基础，吃的品味，穿的品味，住的品味，交通的品味。没有“品味”，现代城市暴发户式的繁华、粗鄙、无教养，其实连繁华也称不上，只能说是钱堆出来的冥纸般金光闪闪的荒凉吧，比朴实的农村荒凉，比幽静的小镇荒凉。那样卖弄夸耀“富豪”的粗鄙，只是让人性难堪，令人性悲哀吧。李渔在强盛富庶的清代盛世，提出“闲情偶寄”，让暴发户的难堪学习品味，韩良露在21世纪突然暴发的两岸，也在思维“品味”的艰难吧。品味艰难，只好从比较容易的吃开始谈起。

有一次刚从托斯卡纳区回来，跟良露谈佛罗伦萨大火炙烤牛排的壮观，她兴冲冲就从佛罗伦萨的牛排谈到十四世纪这个城邦如何打败强敌锡耶纳（Siena）。

大凡接触欧洲文艺复兴时代的建筑绘画雕刻，大多对托斯卡纳区的这两个城邦都会很熟。我去过无数次，在锡耶纳的贝壳广场看当时的市政规划，看几个商业家族领先建立世界最早的银行纳税系统与选举制度，画家劳伦采蒂（Lorenzetti）在市政厅墙壁上已经描画出完整宏观的市政管理蓝图，然而，历史上一直疑问：为什么锡耶纳失败了？败给了原来落后于它的邻邦佛罗伦萨，失去了领导文艺复兴运动的历史契机？

我去了很多次锡耶纳，去了很多次佛罗伦萨，也在佛罗伦萨吃了有名的大火炙烤牛排，第一次听到良露像巫师一样慧黠地说起佛罗伦萨牛肉与战争的故事，现在回味还是兴趣盎然。

她不是冬烘式的大学历史教授，没有闭锁在假知识的井底，她不负责历史解读的虚假理论脉络，她津津有味地说那大火牛排的滋味，仿佛十分惋叹锡耶纳人的文明里少了这一项丰富有生命力的“品味”。

朋友都知道良露热衷占星术，迷恋神秘主义，迷恋古老巫的文化里丰富的心灵世界。她的确像古代的巫，出神的时候，说起话来不容易停。我一旁观察，常觉得有异灵附身，有时说着说着她忽然戛然而止，仿佛那灵走了，她就像泄了气，不想用人间的肉身说话，一下子安静下来。

她常常让我想起远古在龟甲牛骨上镌刻卜辞的“巫”，留下历史上刻骨铭心的吉凶。

人类在漫长演化的文明中，或许有许多不同感知的能力，我常常想像神农尝百草的年代，把每一种植物放在口中品尝，甜、甘、酸、辛、辣、苦、涩、呛——现代社会语书里愈来愈扁平无感的字，原来是一根一根草、一片一片叶子放在口腔里慢慢咀嚼出的滋味。那样丰富多变的味觉层次，语言文字其实是不够用的。没有味觉，不懂品味，文字语言也都干巴巴，贫乏而无趣味。

现代学校教育依赖文字，好诡辩，美其名叫做“逻辑”、“理性”、“思维”，最后狭窄到只剩口舌狡辩。复杂人生一律简化，只剩下是

非题和选择题，非黑即白。不知道视觉系统里光是“白”，视网膜上就可以归纳出至少四百种变化，甜白、象牙白、月白、珍珠白、米白、银白、粉白……与感觉系统有关的味觉、嗅觉、触觉、听觉，和视网膜一样，充满丰富的层次，我们可以单凭嗅觉辨认一万多种的记忆，这些都被现代教育排斥在青年成长的门外了。学校教育，是非与选择，简化了人复杂的感知能力，把人当机器，是非选择做得愈好，愈像机器，感觉系统愈是呆滞贫乏。现代学校教育因此出产一批一批无感觉、无趣味、无生命活力、面目可憎褊狭的知识分子，除了分数，一无所有，自命不凡，贫血冷酷，见之如见骷髅，令人恐惧。

良露的文字是有温度的，如同李渔，相隔三百年，他们如知己，良露有闲情，李渔也有闲情，他们大概都鄙视借口没有“闲情”而把生活搞得一塌糊涂的知识分子吧。

知识贫乏到没有闲情，17 世纪的李渔已经在警告，到了 21 世纪，良露再次提醒，没有闲情把生活搞好，文明将大打折扣。如果物质生活极为贫乏，连一小块可以眺望城市的露台都没有，何来文明？不知季节冷暖，听不见风声雨声，看不见门前月光（闲），嗅闻不到草花日光之香，冷暖无心，不关痛痒，要空洞虚假的精神生活何用？

良露在南村落时代办了很多活动，不讲空洞理论，邀请有经验的匠师，带领大家品味生活。我对葱开煨面极感兴趣，因此报名参加了天香楼保师傅的课。葱开煨面是淮扬料理，以前出身空军的主厨有过很好的葱开煨面。这些年广州街附近一家小馆也还有葱开煨面。我的好奇是这面看起来就是葱和一点虾干，但汤底醇厚，觉得一定有玄机。那一堂课领悟很深，知道简单的葱开煨面，汤底要用小火熬鱼，连头带尾，煮一天一夜，鱼煮糊了，剔去鱼肉鱼骨，纯用浓郁汤底下面。面也要用小火“煨”。“煨”这个字，像爱人耳鬓厮磨，这样慢火慢煨的心情，恐怕要绝迹了。

“煨”不能用急躁大火，小火慢慢煨，要有时间，有耐性，有闲情，让小火里的浓郁汤汁“煨”进面里。“煨”像一种亲密的渗透，不懂“煨”，菜不入味，人生也一样浮泛贫乏，上床做爱，也少了肉身依偎之亲，“煨”即是“偎”，不懂料理中小火慢“煨”，也不会懂人与人的依偎，没有温度，没有亲昵依靠，如同远食，只有表面蘸酱，吃了就走，内里全无滋味，事后也无回味。

教了几十年大学，很后悔，早知应该多带着学生烧菜。课纲一改再改，无关乎品味，人还是一样粗糙，不如从“煨”学起，或许保师傅的“煨”可以让学生领悟更多。

以前吃葱开煨面，总心里纳闷，不知道为何好的煨面，葱可以如此焦香。那一堂课才恍然大悟，铁锅烧到火红，一大盆葱下去，不可以搅动，就让葱在大火极烫热高温的铁锅中绽放又收缩，释放出焦香，只要一动铲子，热度降低，葱就不开了。

材料如此简单，葱开煨面里有狂野，有细腻，有泼辣，有温柔，仿佛真正的人生。五味杂陈，讲的是料理烹调，也讲的是人生况味。

良露和李渔的料理都不烦琐，最简单的料理，藏着最重要的经验与智慧，李渔如此讲他的料理，韩良露也如此讲她的料理，所谓玄机也就只是简单二字。简单是一种专心，现代人好像关心很多事，东说西说，事事都有意见，却可能没有一件事有真正的专心，聒噪喧嚣，却无一点内蕴，就离“煨”这个字十万八千里了。

华人传统讲“火候”，画画、写诗、做人都是“火候”，大概多来自料理的经验。

看人吃东西，品味即一无遮掩，一人口沫横飞，说得天花乱坠，只要看他面前如此粗糙对待一碗葱开煨面，大概也就知道了八分，人品高低，也就不想分辨什么，淡淡一笑也就好了。

我读李渔，读韩良露，都常常有淡淡一笑的快乐。

良露在这本书里转引了李渔说明代康海（对山）的一段故事。康海建造房子正对北邙山，一眼看去都是坟冢，客人来他家，看了不舒服，说了一句“对此景，何以为乐？”

每天看坟墓，怎么会快乐。

康海回答说：“对此景，乃令人不敢不乐。”

李渔很赞赏康海“不敢不乐”的生命哲学，死亡当前，不敢不乐，良露也很赞赏李渔“不敢不乐”的闲情，很仔细记录下李渔教人如何四季行乐的方法。

李渔是经历过明代灭亡的，满洲人入关统治，下剃发令，留发不留头，许多人真为此死了。按照儒家的忠孝，李渔也是应该要殉国的，但他活下来了，剃了发，留了辫子，做了清帝国国民，“不敢不乐”，因此很认真吃好东西，写他的《闲情偶寄》。

李渔做过明朝人，明朝亡了，该死没有死，不敢不乐，他就在清帝国的统治下写他的《闲情偶寄》，告诉你笋要怎么吃，每年没命攒钱，等候十月吃蟹，带着一个小戏班流浪大江南北，到处演自己新编的戏。

我初识韩良露是在20世纪末了，是真正威权时代的尾巴，台湾禁忌很多，欧洲好一点的电影都在禁忌之列，良露那时二十岁上下吧，就带着一批好电影，四处放给大家看，许多那一代青年思想的启蒙并不在学校，而是在像良露的地下电影放映室。我常想，她真像李渔，李渔有时被人批评玩世不恭，他的剧本里许多情爱戏，男欢女爱，感官缠绵，不输波多野结衣，但是作为朝代更迭的文人大都该知道文字狱的白色恐怖，李渔不谈家国兴亡，不上当，他带大家认识如何吃喝玩乐，他的玩世不恭，或许大有深意。死亡就在前面，他就大胆说：不敢不乐。

我喜欢良露谈父亲的故乡江苏海安（毗邻李渔家乡如皋），说江浙人如何嗜吃细致河鲜，用慢火炖萝卜丝鲫鱼汤，像一曲昆腔，清淡婉转细嫩。但她也喜爱赞赏母系（外婆）来自台南的大火干煎赤鲸海鱼的热烈焦香。她的身体里，有江浙的细致温婉，也有台南的狂野热烈，有河流的委婉，也有大海的澎湃。像李渔，像良露，或许才能开始在自己身上救赎回真正的人性价值吧。我这样阅读李渔，也这样阅读良露。

二〇一五年八月二十八日中元节写于温哥华旅邸

第一章

生活美学的通人——李渔

*

李渔对生活的兴趣极大，一本《闲情偶寄》，绝非文人闲坐在书房中天马行空的想象之文，而是有生活体验的心得报告。

明神宗万历三十九年（公元一六一一年）的八月初七，李渔诞生于江苏如皋，照今天西洋星座的算法，他大概是善于挑剔精选的太阳处女星座的人。

李渔原籍是浙江金华府，因兄长之因诞生在素有中国平地长寿乡闻名的江苏如皋，这个地点让我备感亲切，因我曾多次伴随父亲返如皋探亲，亲眼见过几位年过九十多岁的白首老翁老妪骑着自行车来与八十多岁老父会面，他们都是父亲的长辈，为什么会如此的健朗，据说都和如皋满市的银杏街树有关。

如皋在明神宗万历年时十分繁荣，如今市内还留有一些明代造工精致典雅的老屋，我可以想见小时候的李渔就是生活在这样的环境中，难怪日后他著作的《闲情偶寄》中对美好屋舍的描述，都可看出明代建筑的优美。

李渔自小家境富裕，吃的是山珍海味，穿的是绫罗绸缎，住的是亭台楼院，所谓三代才懂得了吃穿文化，李渔对生活艺术的领略，绝对和家学渊源有关。李渔出身于这样的家庭，当然从小就广读四书五经，学写诗作文，少年时代即有文名在外，但李渔的科举功名运却十分不顺遂，除了童子试中表现出色，之后的乡试却落第，届时已近三十而立之年的李渔，却仍然与功名无缘，之后又因明末时局动荡、流寇四起，李渔的功名之心也趋于冷淡。到了李渔三十三岁时，李自成攻陷了北京，明思宗在煤山自缢，吴三桂引清兵入关，李渔也成了明朝遗民了。

综观人的一生，时也，命也，运也，李渔可说生不逢时，于吗生在明神宗万历三十九年，如果早生三十年，起码一生顺遂六十年，要不晚生个三十年，生在清初盛世，也可走六十年顺世运，人生最怕的就是中年折翼，前后不搭，处世特别艰难。

但李渔还好有文才，不遇盛世功名，过小日子的才情机遇却不差，在三十六岁后李渔定居在杭州西湖畔，自封为“湖上笠翁”，李笠翁之名号即出于此。西湖于李渔亦是佳地佳遇，看看李渔的“渔”字，表示他与水有缘，人在西湖边对着一方水域，五行之中水主情，李渔闲情大发，发情为文，天天钓的不是鱼而是字，写的是渔樵闲话，不写经世治国之文，写的是生活艺术与人生感怀，特别适合当时社会上普遍的遗民之思，既然明朝都亡了，那就苟安于天地吧！

李渔在杭州文名渐出，除了卖文为生外，也结交了不少文友，江浙一地的士绅也以结交他为乐事。当年是没有生活美学家这样的称呼，但

李渔的受欢迎其实就在于他提供的生活美学：懂吃懂穿懂住懂游的知识与品味，可是有闲有钱阶级古今皆通的需求。

李渔一辈子不靠功名为生，只得靠文名营生，和现今的文人命运颇相似，但清初虽然出版业兴盛，盗版亦是猖獗，李渔竟然为了就近监督书商翻版防盗印，举家搬迁到吴地出版重镇的南京。

李渔虽然定居南京，却广受四方之邀出游在外，五十多岁之后的李渔还组了个家庭小戏班跟他跑江湖，在各地嘉宾知音间演出助兴。现今卖文为生的作家们，也可想想李渔光靠写散文、写剧本为生一定不容易，一定要加上自己办活动才可增加营收，李渔所行所为，可说开当今流行的文创产业的先河。李渔创作了许多新戏，也改编了不少旧曲，有时他上午才编好新稿，他的家庭小戏班晚上就粉墨登场，李渔所累积的戏剧实务可说是中国的莎士比亚。

李渔对生活的兴趣极大，一本《闲情偶寄》，绝非文人闲坐在书房中天马行空的想象之文，而是有生活体验的心得报告，《闲情偶寄》中的戏剧理论是实务加经验加戏剧美学的哲思所成。《闲情偶寄》中谈屋舍庭院的生活美学，也奠基于李渔亲自参与屋室庭园的建造设计布置之工作。李渔在五十八岁那一年，兴建完成了“芥子园别业”，取名“芥子园”，来自于一粒芥子——世界的比喻，芥子园虽小，却可看尽天下山水丘壑之美，即所谓“纳须弥于芥子”之意。

芥子园是李渔的别庄，但他可不是退隐于江湖有闲钱玩世之人。不同于一般的江南庭园，芥子园还是李渔的工作坊。他在芥子园印书、出书、卖书，李渔也许有闲情，但可没闲钱，他的闲情是要论本卖的，这也使得现代人因此也比较能体会人生身不由己之处。所谓“闲情偶寄”，偶寄即偷闲片刻，李渔不是享清福的员外或方丈，他一方面兢兢业业求生计，一方面偷得人生半日之闲与乐。

李渔一生可说是极具现代性的通人，玩设计布置种植，也玩戏剧诗词散文，还玩烹调古玩唱曲，可说是样样玩样样精的生活美学玩家。

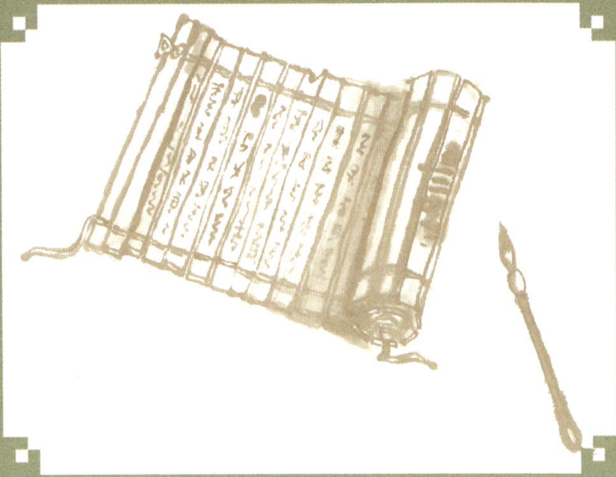

第二章

李渔吃蔬食

*

世人都称李渔是美食家，
殊不知李渔最推崇的美食是蔬食，
这恐怕是许多嗜吃大鱼大肉者无法了解的事，
然而懂得蔬食之美的人，
必须保持心境的清明，
才吃得出蔬食的原味。

如果李渔生在今天，他极有可能是个自然农法的信仰者，我都可以想象我会和他在一起小农聚集的有机蔬食市集相遇，他手里正提着那些没受污染的土地与水源上又不洒化学肥料与农药所种出的蔬果。

在李渔的《闲情偶寄》一书中专谈饮食的（饮馔部），开篇谈的就是蔬果第一，李渔写道："吾谓饮食之道，脍不如肉，肉不如蔬，亦以其渐近自然也。"

世人都称李渔是美食家，殊不知李渔最推崇的美食是蔬食，这恐怕是许多嗜吃大鱼大肉者无法了解的事，然而懂得蔬食之美的人，必须保持心境的清明，才吃得出蔬食的原味。浊人吃浊食，自古以来，所谓食德，即从一个人怎么吃东西就可以看出一个人的为人，在整部《红楼梦》中，在大观园里，吃东西清雅人就清雅，吃相难看人也野蛮。

李渔推崇的蔬食首推笋，他写笋："论蔬食之美者，曰清、曰洁、曰芳馥、曰松脆而已矣。不知其至美所在，能居肉食之上者，只在一字之鲜。"笋为蔬食中第一品，眼前若有一盘笋烧肉，懂得吃者一定先吃笋，一碗鲜笋土鸡汤，最有味的也是鲜笋。别以为笋一定得和肉食共煮，日本京都人把当天清晨太阳出来前摘的笋叫"朝掘笋"，最讲究的吃法只是切半涂一层淡味的白味噌烤来吃，而京都四百年的老店还有笋怀石宴，整席全用笋为主角，当年李渔如果可以外出旅行，一定也会想去京都这家店的。

李渔说"笋之一物，则断断宜在山林"，的确，台北盛产好笋，产地都在观音山、深坑的山中，只有吸天地之精气才能出好笋。台北人吃绿竹笋时用的方法和李渔的教道很像，即"素宜白水"。绿竹笋当季时，煮笋宜一大锅白水，不用削皮、去叶，整支绿竹笋洗净后放白水中煮，煮完后放凉，剥皮、去叶、切片略蘸酱油，这种吃法一直是台北人家奉行之法，但我想我阿嬷、妈妈都一定没听过李渔，可见此法或许不是李渔独创，而是几百年来许多人共同汇集的心得，只是李渔把民间流传之法记录下来了。

李渔也爱吃蕈，他吃的当然是野生蕈，而不是今日大量人工栽培的蕈。我常觉得现在不容易吃到好蕈，记得三十多年前家里蒸鱼，切一点点香菇片，整个屋子都会充满清香，煮一大锅鸡汤，放一两朵埔里的野生香菇，也是在屋外就会闻到菇香四溢；今天的荤菇只徒具其形，却无其气，李渔心目中的好蕈乃吸山川草木之气，因此才有清虚之气。

如今野生蕈难寻，但偶尔也还能遇到佳蕈，像我去意大利托斯卡纳

TOO BEAUTIFUL!!
15
100 GR

区旅行，和当地友人到森林里摘牛肝蕈；用小火微烤蘸海盐、橄榄油吃，真是口齿留香。另外还有每年秋末，造成全世界大厨、饕客风靡的野生白松露，也是蕈的一种，李渔不知是否会喜欢这种并非清虚却有硫黄之息的天价野蕈？

专菜即莼菜，是杭州西湖特产，日本人也很喜欢，京都附近的琵琶湖也有，我曾在京都高级的料亭中吃过一道羹，仿佛李渔记载的四美羹，即用秋蕈、专菜、蟹黄和鱼片制成，我真怀疑这食谱是承自《闲情偶寄》的。另外，香港、台北的天香楼，特色的杭州菜，也有专菜羹，但只可称二美羹，只有鱼片和专菜。

这两日，刚好在某个馆子用饭，吃了一道蟹黄丝瓜，谁知丝瓜煮得太生，只好打包回家自己加工再煮，就救回了一道佳肴。我想厨子一定不知李渔写过“煮冬瓜、丝瓜忌太生”这句话，虽说是简单的烹调道理，但就是有道理，虽然简单，但还是不少人不懂，冬瓜、丝瓜一定要煮烂些才入味，火腿煨冬瓜汤虽简单，但火候不足就没味，即使是清炒丝瓜，也得焖过才能逼出丝瓜的甘味。

李渔又说“煮茄、瓠利用酱醋而不宜于盐；煮芋不可无物伴之……山药则孤行并用”，这些话看似平凡，却是厨事的精华，一语点出了烹饪的见识，所以说不懂做菜的人千万别乱发明创意食谱，例如用海盐烤茄子。茄子一定得用酱才好吃，如酱烧茄子、味噌茄子。瓠瓜也是，绝不能用盐清炒清煮，定得用酱烧。至于芋头，不管是烧肉烧鱼干都可，即便不用肉，也得是葱烧芋头才有味，只单独清蒸或火烤芋头吃，是台湾的高山族料理，但这是新石器时代的吃法，当然不是李渔的文明口味。但奇怪的是，山药和芋头相似，却可以单独切丝切片生吃，即所谓一物有一性也。

李渔想必是处女座之人，有其挑剔又完美主义的倾向，他虽然爱蔬食，却如佛门子弟般看待葱蒜韭为荤物，竟然为怕蒜吃了口臭而永远禁食，如此一来有许多名菜他就享受不到口福了，例如蒜子烧鱼，又如一粒水饺一粒蒜，又如三杯鸡等等，为了保持口气芳香，李渔也极少吃葱，唉啊！葱爆牛肉、葱夹鸭片、葱烧海参，多可惜啊！至于韭菜，李渔只吃韭菜花不吃韭菜，所以他就吃不到韭菜猪肉水饺、韭菜炒鸭血、韭菜豆干肉丝了。

葱蒜韭可说是中国人最常用的食材，李渔竟然怕影响口气而不食、禁食、少食，真可谓奇人，他真是对口中之气有所偏执，连提到萝卜，他虽说“生萝卜切丝作小菜，伴以醋及他物，用之下粥最宜”，对的，但他怕食后会打嗝散秽气，竟然也有微愠之辞，可见此人真是有洁癖。但李渔又说，萝卜生食则臭，熟则不臭，因此萝卜烧牛筋、萝卜烧肉、萝卜丝鲫鱼汤、萝卜排骨汤都不必禁食了。李渔的时代没有口香糖，要是他来到今日，我一定会送他口香糖，然后请他大谈葱蒜韭。

第三章

笋为蔬食第一品

*

李渔自称是蟹奴，
每到蟹季都要为蟹耗尽千金；
我却是笋主，
笋季一到，爱怎么买笋就怎么买，
凉拌之、蒸之、煮之、炖之、烧之、烤之、炸之皆可，
各有所长，皆有好味。

我想到一生好行旅的李渔，在他那个时代，没有机会来台一游，否则以他对各式蔬果的喜爱，一定会喜欢台湾这个宝岛出产的各种鲜蔬与水果，尤其是他老兄最推崇的蔬食第一品的笋。近日我上街，看到市场小贩卖着台北近郊山林盛产的绿竹笋，有阳明山的、观音山的、深坑的、石碇区的、三峡区的等等，这些鲜笋通通好吃，但又有些细微的差别，如果能邀到李渔这个时空旅人，我一定好好招待他品尝各式笋餐，李渔与我只能当成梦中笋友，一席笋话就与各位分享吧！

为什么李渔把笋列为蔬食第一品呢？李渔在《闲情偶寄》的（饮馔部）中说道："论蔬食之美者，曰清、曰洁、曰芳馥、曰松脆而已矣。不知其至美所在，能居肉食之上者，只在一字之鲜。"

世人说起笋，都曰鲜笋，即众口一声表达笋之至味在鲜，除了鲜之外，

笋也清，也洁，也芳馥，也松脆，可说是五味合一，乃蔬食中的最高境界。

为什么笋能有别于一般蔬食，李渔又说道，“然他种蔬食，不论城市山林，凡宅旁有圃者，旋摘旋烹亦能时有其乐。至于笋之一物，则断断宜在山林，城市所产者，任尔芳鲜，终是笋之剩义。”

李渔点出了笋之至鲜的重点，即宜在山林，方可吸收山林之精华萃气，城市中不乏有人种菜园、谁听说过在城里植笋园者？笋是山林产物，但这些山林又不可离城太远，最宜清晨未透日光摘下的笋，一小时内即送到了城中朝市，此乃朝掘笋也，可食朝掘笋之城有京都，杭州亦佳，而台北亦是，这些城都是三面环山，且并非以大山为主，而有许多灵秀的郊山，最宜种竹养笋，且郊山离市极近，方便笋农挑担下山，每日朝市贩卖之笋犹带泥土与露珠的润泽。

京都与杭州之笋，都以冬笋为佳，适合做成像京怀石料理中的木芽蒸笋、白味噌田药烧笋、椎茸煮笋、百合根豆腐炖笋等等；杭州也有冬笋烧肉、香菇冬笋土鸡汤、雪菜冬笋、荠菜春笋等名菜，但这些笋都是入菜的。虽然李渔提到“笋肉齐烹合盛一簋，人止食笋而遗肉”，可见笋比肉好吃，因此细心的家厨在调理笋烧肉时，一定会准备较大份的笋与肉齐烧，因为笋要好吃，肉不能不足，否则烧不出味道，但上菜时，却会撤去一半份量的肉，以全份的笋配半份的肉上桌，客人可以吃笋尽欢，却又不解为什么份量较小的肉也能烧出好笋味，且因肉分量少，就不易遗肉了。以上心得，只有家厨才能做到，一般餐厅哪敢这样处理食材？调理笋烧肉而好吃笋者，千万不可多笋少肉，因为会导致笋味不佳。

笋可入菜，但烹调笋之法最精者，李渔指出乃“素宜白水”、“白烹俟熟，略加酱油”，这种最简单的吃笋佳方，乃台北人最常见的食笋之道，为什么？因为此乃台北五月至八月盛产的绿竹笋最好的吃法，而春夏绿竹笋却是京都、杭州无有之物。

绿竹笋乃台湾原产笋，最大的特色是质地细嫩，高纤而口感细腻，味道清甜甘美。绿竹笋的外貌颜色土黄略带绿色，适合长在低海拔的山间。台北是三面环山的盆地，近郊的观音山、阳明山等都是有名的山笋种植区，绿竹笋十分鲜嫩，特别怕太阳照射，因此以少量栽种为佳。笋农要在凌晨太阳未出来前把笋挖出，最好是立即烹调，也因此，每个地方的人都会觉得自己邻近郊山产的绿竹笋最好吃，因为最新鲜。

在台北，绿竹笋公认最美味的食法是连笋壳白水煮，之后放凉，剥下笋皮后切片，不加任何佐料吃原味，最多放酱油或蘸美乃滋，台人称之为色拉凉笋。这种吃法即李渔所说的“从来至美之物皆利于孤行”，椎茸只要微烤加盐，生蚝滴点柠汁即可，绿竹笋亦同理，尤其是五、六月之笋特别鲜嫩，曾听人说大陆的北方有赛水梨的萝卜，台北的绿竹笋也可赛水梨。

吃笋和吃萝卜不同，李渔说吃笋最忌放香油，“香油和之，则陈味夺鲜，而笋之真趣没矣”，的确，麻油可化萝卜的生味，但笋无生味，笋是自身完美，可以不加任何配料。

但笋性虽可孤行，亦宜共和，笋若与他物荤食，李渔认为“荤用肥猪”、

“牛羊鸡鸭等物，皆非所宜”。的确，笋烧肉要用肥瘦各半的五花肉，但烹调之道，李渔则说“烹之既熟，肥肉尽当去之，即汁亦不宜多存，存其半而益以清汤”，因为正在烹调的肥肉之油不会腻油，但等到关火后却不该再让过多的油沾染笋。

我同意笋烧肉比笋烧鸡好，笋烧牛肉、羊肉则不必，牛羊太膻，用葱爆较合，笋与鸭则不可，两者性不融。但说到煮汤，用肉块、排骨煮笋汤，是台湾人非常喜欢的家常汤，我的本省阿嬷在夏天时每周总要煮上两三次的排骨笋汤，的确好喝，可是冬笋煮土鸡汤也很好啊！

此外，笋在烹调中有大用，肉羹、鱼翅羹中会放笋丝，什锦菜中也有笋丝，八宝辣酱中少了小笋块就不完美。炒和菜时，笋片亦常见。笋之大用还有当汤之基底，李渔说“凡有焯笋之汤悉留不去，每作一馔，必以和之，食者但知他物之鲜，而不知有所以鲜之者在也”，以笋汤为高汤，最美不只在鲜，而在清鲜。

我母亲甚爱清笋汤，这也是台湾人的家常汤，小摊小店卖卤肉饭、烟肉饭者，最喜欢附赠免费的笋丝清汤，两者搭配有如村夫村妇，十分平凡怡人。

李渔没谈到笋与鱼鲜之配，笋其实是配鱼鲜的，因为笋是陆上鲜，当然宜湖海中鲜。台湾人有一道家常粥，即用笋丝与蚵蛎煮成汤，再放冷饭下去煮成咸粥，在夏天胃口不佳时，这是十分开胃可口的咸粥。

另外，在蒸鱼时，切点笋丝或笋片同蒸，道理不在吃笋，而在蒸笋

时蒸出的笋汁鲜汤，有画龙点睛之效。

李渔自称是蟹奴，每到蟹季都要为蟹耗尽千金：我却是笋主，笋季一到，爱怎么买笋就怎么买，凉拌之、蒸之、煮之、炖之、烧之、烤之、炸之（近年台湾流行的紫菜炸笋）皆可，各有所长，皆有好味，做笋主又不必耗费千金，平常百姓人家皆可成为笋主。笋为高纤食物，适宜今日养生之道，李渔且说：“《本草》中所载诸食物，益人者，不尽可口；可口者，未必益人，求能两擅其长者，莫过于此。”笋真乃蔬食第一品也。”

第四章

李渔与煮饭的学问

*

一碗白饭对大饭店来说好像没有山珍海味重要，
其实白饭是更重要的事，
菜做得不够好，
或许还可以开饭馆，
但连饭都煮不好，
还有谁会信任这家饭店呢？

曾经到一家五星级饭店用中餐，没想到竟然吃到了馊饭。找厅堂经理来问，才知小厨偷懒，用昨日的剩饭加水回蒸，但剩饭因天热发馊，已有酸臭味，还好本人才把饭碗拿近便闻到了不祥之味，一口都没吃，但同行的友人却粗心吃了一口随即吐了出来。

这次经验让我立即想到了李渔在《闲情偶寄》的“饮馔部”谷食第二谈饭粥时，指出“饭之大病，在内生外熟，非烂即焦”，李渔一定没想到在21世纪的今天，竟然会发生饭之大病成了馊饭。

大饭店怎么会犯这么基本的大错呢？我想了又想，只能说现在的大饭店恐怕都忘了他们开的是“饭”店。卖的主要食物是饭，而不止是大菜、小菜、装潢及排场。

饭煮得好不好？恐怕是饭店最重要的一件事，是连路边摊、自助餐店、小食堂都不能犯错也很少犯错的事，为什么大饭店反而疏忽了？我左思右想，觉得和价格有关，小店的饭不贵，但菜也不贵，反而不会有轻重之分，但大饭店的饭不会太贵，菜却很贵，饭也许几十元新台币，菜却是几百元新台币到上千元。卖菜利润大，卖饭没什么利润，万一管理厨房的人不分轻重，把煮饭的食事交给不重要、没经验的小厨去办，就可能因小厨轻忽而出现某种不良现象。

但小厨之错，也是大厨之错，因为养厨不教谁之过？开饭店的初心就是提供米饭，岂能不严格教诲！

在李渔的时代，吃饭一定比吃菜重要，华人社会如今怕饭吃多了会发胖，而不吃饭或少吃饭，绝对是近一、二十年来才有的富贵通病。早年的人用酱油、辣萝卜干都可配大碗饭，甚至吃得到白米饭都是珍贵的事。过去的人天天吃饭，一定要懂得煮饭，但吃饭容易，煮饭却不容易，现代人在家多依赖电子锅，如果哪天停电了，一定有不少人不懂得如何用煤气或柴烧饭。

电子锅煮白饭行，但煮煲仔饭却不成，因为电子锅温度平均，逼不出煲仔饭需要的火气，虽然李渔说饭不可烂也不可焦，但煲仔饭却一定要有一点焦。李渔是江浙人，大概也没吃锅巴饭的习惯。当然李渔所在的清代，恐怕也不曾听说过意大利有名的炖饭（Risotto）和西班牙的帕耶雅海鲜饭（Paella），都是要吃米粒有一点“内生外熟”的滋味，李渔若得知此点，一定说这些鬼佬不懂煮饭啦！

但即便是煮广式煲仔饭或意大利炖饭或西班牙海鲜饭，李渔谈煮饭的一些道理仍可派上用场，李渔说煮饭最吃紧处在“饭水忌减，米用几何，则水用几何，宜有一定之度数”，煮这些饭一开始就得下定量，多了饭则湿，少了则煮不熟，如何恰恰好也只能凭心得。

想到日本人谈起如何做好日本料理时，最看重的事就是煮饭。不少学徒都说要学会煮好饭至少要学三年，从选米、泡米、加水、煮热的蒸煮之道，都要重视细节；四季的气温、湿度都不同，煮饭要讲究泡米，绝不可泡隔夜米，四季泡米所需的时间也不同，气温低的冬日泡得久（可泡两小时），但气温高的夏日却要缩短一半的时间。煮出好饭并不容易，因此有的老食堂的老板娘会坚持自己煮饭，我认得有位日本阿嬷就亲自煮了四十年的饭，她的名言是“饭不好吃，菜也不会好吃”。如不能亲力亲为，也会找最有经验的人负责，如果哪一天找了小厨煮饭，则开始两三年也会有老师傅盯着看，若被赋予此任务的小厨，其实就代表老板的看重，将来必会委以重任。

李渔在《闲情偶寄》中谈如何煮好饭，却没谈如何选好米，恐怕那个时代不像今日可以买到世界各地的米。江浙一带是米乡，嘉兴就产好米，嘉兴米是温带气候的米，和日本新潟地区的越光米比较相似，日本人占据时在台湾引进了越光米种出了蓬莱米，就很受来台的江浙人士所喜爱，江浙人是吃不惯荷兰人从东南亚引进而种成的籼米的。

煮饭学问大，要从选米开始，新米最香，但黏稠性较弱，有人会用八份新米配上两份旧米来煮饭，兼得香糯之感。至于米种的选用，日本人爱吃黏稠性高的蓬莱米（越光米种），东南亚人吃的是口感松脆的籼米，一般人认为蓬莱米较甘甜，口感也滑顺，但籼米炒饭却特别好吃。

新米当然比旧米香，但古代因交通不便或遇饥馑年，不见得常常有新米吃，甚至偶尔必须吃陈米。陈米自然有陈味，李渔应该很怕陈米味，他还特别提出如何使米有香味，用的方法是“预设花露一盏，俟饭之初熟而浇之，浇过稍闭，拌匀而后入碗”。李渔此法颇像伊朗人煮饭加入玫瑰露或印度人煮的番红花饭（不仅香还有色）。

陈米虽然没有米香，但若保存得宜（如真空或冷藏），却有特别的风味，像意大利的炖饭，讲究的会用一种昂贵公鸡牌已置放两三年的老米，这种陈年的老米因淀粉质沉淀，口感不像新米那么黏软，特别适合用来做吃时要粒粒分明又沾满酱汁的意大利炖饭。

说到炒饭，不管是用籼米或蓬莱米煮出的饭，一定得用冷饭，有人还更喜欢隔夜（但要冷藏适当）的冷饭，这样的饭松而不黏（也因此籼米天生较适合炒饭，广东人炒饭好吃也跟用的是东南亚品种的香米有关），炒出来的饭才能粒粒分明，不会纠结软烂成一堆；也因此炒饭切忌用锅铲压挤，最好是用长筷搅一下，再用手腕之力把锅子上下抖动，让米粒轻松地完全加热。炒饭可用冷饭，但煮饭却绝不可用冷饭回蒸（可以回蒸的米只宜糯米，这也是为什么粽子要用糯米了），因为一般米饭蒸煮后会定型，加水回蒸根本蒸不透米心，米粒吃来里外口感不均，这正是生米煮成熟饭的“熟”字道理。

不仅煮饭、蒸饭一定要从米粒而非饭粒开始，连煮稀饭也是这个道理，用米粒煮成糜，和用冷饭煮成稀饭的口感是不同的，米糜较清较香较鲜，像潮州人的白粥；稀饭却较混，米香也差，但上海人的茶泡饭和日本人的茶渍饭，以及闽台人的咸粥，却要用冷饭，但这种叫汤饭而非糜。

在《闲情偶寄》的书中，李渔也谈到煮粥之吃紧处在“粥水忌增”。潮州人煮白粥即此理，一大锅白米加水有一定的度，一待开火，中途不可加水，却要随时搅动，使“水米成交”成一气，绝不会呈现“上清下淀”，亦不会“如糊如膏”，早年我常去香港的九龙城寨一带的潮州馆吃喝白粥配打冷小食，那样的白粥就是我相信一定会讨笠翁老欢心的。

这回遇到馊饭的经验，也提供人生中很好的顿悟，让我又重温了李渔谈论的粥饭之美形何在，所谓不可因事小而轻为。一碗白饭对大饭店来说好像没有山珍海味重要，其实白饭是更重要的事；菜做得不够好，或许还可以开饭馆，但连饭都煮不好，还有谁会信任这家饭店呢？做人处事也一样，有一些基本的初心最重要，人品就是做人处事的那一碗白饭，人品不好，人生的配菜都不必吃了。

第五章

洗手做羹汤

*

台湾的肉羹、杭州的鱼羹、港澳人的鱼翅羹，
如果烹调得太清，
汤汤水水，就不是好羹。
好羹最适合下饭，李渔说得好，
『羹之为物，与饭相俱者也』。

所谓洗手做羹汤，说的是两回事，羹是羹，汤是汤，按西方人的词来说，羹是 soup，汤是 broth；前者是浓的，后者是清的，但中国人羹汤不分，连李渔在《闲情偶寄》中都说汤是羹的别名，到了外国就会闹出笑话。话说有位广东人在苏格兰旅行，进了餐厅觉得口渴身燥，想喝上一碗好汤化体内的虚火，在菜单上点了一碗汤，谁知道来的是浓郁得不得了的燕麦粥，这哪是汤啊！叫人来问，此燕麦粥的确是苏格兰人有名的 soup，若照中国人的羹汤之分法，可以称之为羹，但如果想喝广东人的煲汤，那可要叫 broth ，苏格兰也有出名的牛肉清汤，喝下去很元气。

所以说，羹汤有分，羹是浓的，汤是清的；北人善调羹，南人善治汤。羹的历史比汤古，早在周代，华夏中国已有大羹、原始羹、铏羹之说，指的是什么呢？原来从周代到春秋战国，都有用羹祭祀之礼。供神的是牛的大羹，祭五帝是羊的原始羹，这两种羹都不能放调味料，因为五味是人间味，只有给人吃的是五味俱足的猪肉羹，这种叫铏羹的羹即今日闽台人还在吃而发源于河洛中原的肉羹。

宋室南迁，定居于临安杭州的北人思北味，就用西湖的草鱼创造了类似北宋开封人闻名的鱼羹美味，成就了迄今闻名的杭州美食宋嫂鱼羹。

羹要浓郁才好，想想看，不管是台湾的肉羹、杭州的鱼羹、港澳人的鱼翅羹，如果烹调得太清，汤汤水水，就不是好羹。好羹最适合下饭，李渔说得好："羹之为物，与饭相俱者也。"在台湾有肉羹饭，在澳门有鱼翅羹捞饭，都深得羹之其味。如今北方人喝的酸辣汤，其实较合宜的称呼是酸辣羹，酸辣羹贵在浓稠，用来当成下面的浇头就成了打卤面。

李渔认为羹比美食下饭，颇有现代人吃饭之理，常常一桌子美食，人人只吃菜不吃饭，一般人多以为是现代人怕胖，才不吃饭，但李渔却说："肴食乃滞饭之具，非下饭之具也。食饭之人见美食在前，匕箸迟疑而不下，非滞饭之具而何？"但为什么从前贫穷人家用一点咸菜就可以食饭呢？原来那不叫咸菜下饭，是咸菜送饭或扒饭，是不得已的非吃饱不可的食饭之道。

李渔是富贵人家，早就看到了今天流行的不吃饭只吃菜，但饭还是不能不吃的，菜养体，饭养精，那么，该如何吃饭呢？李渔又有妙语，他说："饭犹舟出，羹犹水也；舟之在滩，非水不下，与饭之在喉，非汤不下，其势一也。"真有道理，再怕胖再不想吃饭的人，若给他一碗鱼翅捞饭或肉羹饭，就真的很难拒绝饭了，下回大伙试试。有一回我在杭州凯悦饭店的湖滨28餐厅，吃到宋嫂鱼羹及一碗白饭，那真的是羹饭俱美矣。

羹宜于下饭，李渔还说，此乃养生之法，“饭得羹而即消”，意思是容易消化，但这里指的羹是今人说的浓汤，如果是清汤就不宜下饭了，也非养生之道，众人皆知用清汤下饭对胃不好，像上海人爱吃的汤泡饭则不宜有胃疾者。

北方天冷，五行主水，浓汤之羹不易凉，但南方天燥，五行主火，就宜清汤去火。南方人调理羹是北方遗风，南人嗜喝的是原汤，像广东人的老火煲汤，把所有的食材熬个十几个小时，只喝精华的清汤，不吃食材渣。台湾人也很看重清汤，像煮好一碗清汤切仔面，诀窍就在熬汤头，汤要用猪脊骨、大骨、小骨、边骨熬，不断去肉渣，熬成清汤似水，看起来没颜色，喝下肚才知功夫，像我每回出外旅行回台北，第一餐一定去我心仪之店吃上一小碗清汤切仔面。

羹贵在浓中有淡，适合下饭；汤贵在淡中有浓，宜于单品。凡人洗手做羹汤，应先通此理。

第六章

我爱粉面

*

社会相对贫困的年代、
阳春面反而成为大伙安心过日子的象征，
只要吃得起阳春面，
反而没有羡慕别人吃鱼翅、燕窝的不平衡心理。

李渔所说南人饭米，北人饭面，用在我父母身上的确有理。我母亲是台湾人，平生每饭必食米饭，少了大白米便觉得此餐有憾，但来自长江以北的老父却不爱吃米饭，若换成了煨面、花卷、大馒头才开心，但我是二人之合，成了南北台，爱吃米饭也爱吃面。李渔在《闲情偶寄》中说他自己是："予南人而北相，性之刚直似之，食之强横亦似之。一日三餐，二米一面，是酌南北之中，而善处心脾之道也。"

我平日三餐，表面上是二面一米，早午爱吃面，但晚餐却非得一碗白米饭才觉吃得踏实。但其实我所云的"面"，只是形状的通称，有许多面并非北人的麦食，而是粉食，例如冬粉、米粉、粄条等等，光想到每天都有这么多粉面可以换着吃，就觉得人生真丰富。

我是面痴，亦是粉痴。童年时居住的北投，分为新北投与老北投两地，分别聚居了外省人和本省人。我家刚好在新北投和旧北投交界，出门向右走，就走到了许多外省退役的“荣民”开设的各种小摊小店，可以吃到各种外省面，像只用醋、麻油、酱油、蒜头干拌的大宽面，简简单单却是百吃不腻。主要是宽面是自擀自切还外加晾干，煮起来很有嚼劲还带面香，一点都不输长大后去意大利才吃到的意式宽面，但价格却便宜太多了。如今街上已很少有人卖这种别名也叫“眷村面”的干拌宽面，但我在家中偶尔会自己做，用来招待外省朋友，他们一吃都吃到童年的心坎上了。

小时候要口袋里有点钱才吃得上的山东打卤面，现在却成了小饭馆中便宜的外省面，下的是中等宽度的阳春面，重要的是那一碗打卤汤要现做，用猪骨汤做底，加上白菜、肉片、木耳、蛋花勾芡的卤汁浇在面上，加白胡椒，稀里呼噜地连吃带喝下肚十分爽快。现在卖的打卤面有的是豪华版，会加胡萝卜片、虾仁、猪肝，却比不上童年的打卤面那么珍贵。

当年最简单、最流行的外省面是阳春面，所谓阳春白雪，就是用下面的原面汤盛上的中等宽面，连麻油、猪油、葱都不放，更别说各种配料了，这种面最便宜，是穷大人穷学生的解饥之物，如果口袋中还有点余钱，就会切一盘豆干海带，大洒酱油、醋、辣椒酱配着清淡阳春面吃，如果看到有人切了卤蛋猪头皮，就觉得此人真有钱。在那个全社会相对贫困的年代,阳春面反而成为大伙安心过日子的象征,只要吃得起阳春面，反而没有羡慕别人吃鱼翅、燕窝的不平衡心理。现在街上很少有人卖阳春面了，反而有人、包括一些发达的大老板会找阳春面吃，把昔日的贫困当成回忆的美味吃。

外省面中还有山西式的刀削面，放在羊杂、牛杂汤内，是外省高级馆子的招牌，后来也放入牛肉汤里，成了牛肉面。牛肉面还有台湾本地的发明版，因为是外省“荣民”所创，也归在外省面中。最早牛肉面用的都是本地的黄牛肉，因为不便宜，穷人穷学生吃不起，都只吃牛肉汤面加酸菜，别以为是真正的牛肉汤，其实一碗牛肉汤中只有一小匙原汁牛肉汤，其他则是酱油牛骨汤，喝不出多少牛肉原汁的。后来美国对台湾大量出口牛肉牛骨，台湾才流行起全民吃牛肉面，但一直到今日，讲究吃牛肉面者，还是以吃本地黄牛肉面者为上。

除了这些外省面外，还有本省面。我家出门向左转，就走近了以本省人聚落为主的老北投，老北投的历史很久，旧街一带的聚落可上推至清朝初期，以福建泉州人居多。在老北投市场、老火车站一带，有不少面摊，很多卖传统的切仔面，用竹筛子涮油面，吃切仔面重点在汤头，用猪大小骨熬成的汤看似清清如也，但滋味却很够，绝不能放味精，汤头清而有味，顶多加一点油葱醒味，再加一点烫开的豆芽韭菜，还有一片（只能一片）白煮五花肉片。

小时候吃本省切仔面，看起来也像外省阳春面般简单，却不懂切仔面外简内繁，有台湾四百年移民底蕴之味，但外省阳春面的清汤挂面，却真的是一九四九年后仓促离乡移居的贫简之味。

本省面中最丰富的就是什锦卤面，用的面是油面，汤头却可能是源于山东的打卤汤，但味道变化可大了，台式卤面源自泉州，是台南的喜庆食物，拜天公祭神明都用鲁面。我外婆本家是台南人，她后来住在老北投，离我家很近，外婆每年都会做几次卤面，汤头可不得了，先熬各种猪骨萝卜汤打底，再各别烩料，有扁鱼、虾子、海参、肉片、鸽蛋、高丽菜、胡萝卜、木耳、葱、韭菜、豆芽、芫荽等等，这些食材最后融汇一通，吃来多滋多味澎湃不已。

本省面中，以麦为面者并不多，油面较常见，其他的白面，如麻酱细面、扁食细面，都是受外省面的影响。台湾传统以食粉食为主，李渔提到的粉食，有藕、葛、蕨、绿豆，台湾人也食藕粉、葛条，但多当成甜点吃。蕨粉吃者较少，反而见于高山族食材中；绿豆粉最常当成主食吃，夜市小店常见卖猪肠冬粉汤、鱼丸冬粉汤等等。

最常吃的粉食是米做的粉食，大多数用的都是籼米，新竹、埔里米粉两地最有名，新竹米粉较细，适合炒米粉；埔里米粉较粗，适合做米粉汤。我自小常以米粉汤当早餐，配一块油豆腐，也可加猪肝、小肠、生肠、嘴边肉等等黑白切，变成豪华早餐。

还有一种粉食，如今较少见，即米苔目，可吃甜吃咸。童年北投市场有一摊，天气热时卖米苔目冰当早餐，天气冷时改成米苔目汤，当年的米苔目都是手工制的，有嚼劲，一条一条形状不规则，如今用机器制的米苔目，口感味道都差很多。

本省还有著名的客家粉食，即粄条，也分南北，近竹东一带吃的是

l'Artigian Pasta
Borghini
Le Pappardelle
l'Artigian Pasta
Borghini
Pici
l'Artigian Pasta
Borghini
Paccheri Rigati

汤粄条，靠近南部美浓一带是炒粄条。粄条似潮州人、越南人吃的河粉，五百年前应当是一家，都源于大陆闽粤南方。粄条也是手工制的较好吃，好在客家人多守古风，如今在台湾，要吃到手制粄条比米苔目容易，我家附近就有一家小店从早上就卖手工叛条汤，我每每吃着就知道自己不能移民去欧洲，否则早餐去哪里吃条？

我爱吃各式粉面，有一回看李渔《闲情偶寄》中提到膳己的五香面的做法，真的在家里试做，所谓“五香者何？酱也，醋也，椒末也，芝麻屑也，焯笋或煮蕈、煮虾之鲜汁也。先以椒末、芝麻屑二物拌入面中，后以酱醋及鲜汁二物和为一处”。

此李式五香面和担担面的做法相似，但多了笋汁、蕈汁或虾汁，如果平常小食想省事，不焯笋、蕈、虾也可，但非得要有好酱、好醋。我家平日一定备用珍贵的手工天然酿造的酱油和醋，别的可省，酱、醋不可省，一定要用好货，有好酱好醋加好麻酱，在家写稿中午不出门，还可给自己下碗韩式麻酱面，也吃得极幸福，食之乐也，好吃可比吃好重要多了。

第七章

肉食者鄙乎？

*

令人论身心平衡之饮食，都应以四份蔬食配一份肉配一份粮，即平衡入世与出世之心，蔬食多肉食少对身体、心灵都好。

肉食者鄙，是华夏文化流传的古老智慧，李渔性喜蔬食，在《闲情偶寄》的“饮馔部”中，花了许多篇章谈蔬食之美，却说“食肉之人之不善谋者，以肥腻之精液结而为脂，蔽障胸臆，犹之茅塞其心，使之不复有窍也”。

人有七窍，要七窍开通，必经修炼，佛门弟子不食肉，亦不食水族，连蔬食中的五荤都不食，就是怕一窍不通。佛家境界在出世，肉食者执着心强，偏偏执着心强者才执着人世，才会成为世俗中的强人。

我曾戏言，人类的历史，就是好吃牛肉者，打败好吃羊肉者；而好吃羊肉者，打败好吃猪肉者；好吃猪肉者，打败蔬食者。草食民族如草食动物般向往和平安详的生活，自然敌不过肉食民族与肉食动物的竞争野蛮天性。

在中国古代未受佛学的影响之前，就有肉食者鄙之说，但当时反而是肉食者贵。当时因肉类的稀少，只有士大夫以上的人才能吃肉，也因此士大夫之上的人才被称为肉食者，但肉食者也不是天天可以吃到肉，《礼记·王制》中有云："诸侯无故不杀牛，大夫无故不杀羊，士无故不杀犬豕，庶人无故不食珍。"从此就可看出肉食的珍贵，也看出了各种肉品的地位高低：诸侯的地位最高，可食牛，大夫次之食羊，再其次士食犬猪，而普通庶人百姓只能食珍。

"珍"是什么呢？在《礼记·内则》中位于八珍之首的即淳熬，淳熬是把肉酱煎熟后拌上动物油，再浇在稻米饭上，可说是原始的卤肉饭（又被称为鲁肉饭）。

前一阵子，《米其林绿色指南》在介绍台湾的旅游与美食时，把台湾著名的小吃卤肉饭标明为源自山东，引起了很大的争议，因为今天的山东并没有卤肉饭，其实卤肉饭的渊源要扯到祖宗八十八代前的周朝鲁国八珍之首的淳熬。

八珍除了第一珍淳熬外，第二珍淳母，淳母也是肉酱煎熟后混合动物油浇在黍米饭上。第三珍是炮豚，即烤乳猪，没想到在周代时乳猪比猪地位低，大概跟乳猪生得多，又被庶人吃掉了，能养大成猪的自然就更珍贵了。第四珍是炮羊即烤小母羊，道理或和小猪相同，否则庶人是不能吃成羊的，成羊只有大夫能吃。第五珍是捣珍，指的是捣（反复捶打）里脊肉，今日新竹有名的贡丸，就是古代捣珍的遗风吧！第六珍是渍珍，把新鲜的牛肉横切成薄片后浸美酒一夜，再调上肉酱、梅酱、醋，你说，像不像今天日本料理中的生牛肉刺身？第七珍是熬珍，即把肉经过捶打，除去皮膜，挂起来用小火慢慢烧烤，成品即今日市场中都还会现做现卖的肉干。最后一珍是肝膋，即烤狗肝，今人爱犬不食犬，把此珍想成烤鹅肝就比较能接受吧！

周代的八珍名食，有个特色，都是古代的加工食品，用较少的肉食原料做成肉酱、肉丸、肉干等等，吃的都不是大鱼大肉。所谓大鱼大肉，指的都是全鱼全肉，中国古代，祭祀食品一定要用原样，在《周礼》中牛、羊、猪三牲为太宰，是最隆重的祭祀，羊猪二牲是少宰，到了今天台湾民间祭神还是用一整只大猪公。

牛、羊、猪的食品阶级，到了今天依然存在，不管在东方、西方的市场、餐馆，依然是牛排牛肉最贵，羊排羊肉次之，猪排猪肉又次之。像世界首富的美国大亨沃伦·巴菲特曾说，他每天的吃食很简单，不过是一块牛排而已。你能想象他说的是一块猪排吗？在大陆或台湾的普通老百姓，若想每天吃好，想的一定是一块猪排，谁敢想天天吃牛排啊！那一定是有钱人才能做的事。

中国人是食猪的民族，“家”这个汉字，房子里住着的是一只豕而不是牛、羊，牛羊是属于牧场的，不能和人类一样住在家中。中国的名菜，除了烤鸭卤鹅等家禽外，都以猪为主，有名的东坡肉，却被李渔说成有如东坡的肉，“东坡何罪？而割其肉以实千古馋人之腹哉？”李渔觉得东坡之名因肉而俗，但世人却因肉名东坡而觉其雅。李渔自称是蟹痴，大概不怕世人取个李渔蟹或笠翁蟹之菜名，我觉得若有菜名叫李渔羊也

可，但叫李渔牛或李渔猪、李渔肉的确是不妥，但奇怪的是，不管什么名字配上蔬食都不俗，如李渔笋、李渔荤，甚至李渔萝卜都可，但配上佛门的蔬食五荤之名却又不宜，李渔蒜、李渔葱、李渔韭都不够文雅。这些食物的文字游戏，就如李渔所说虽是名士游戏之小术，却不可不慎，像我虽然喜欢吃狮子头，也有私房的狮子头食谱，可不想公布后被人称为“良露狮子头”。

世人多知东坡肉，却不知东坡平日多食蔬食，如东坡羹，即是野生的荠菜米糁，还有玉米糁羹，以山芋为主，另外还有东坡豆腐。其实，中国文人都像李渔般喜欢歌颂蔬食，如陆游好韭黄、木耳、菱、藕，宋人林洪的《山家清供》通篇谈的都是蔬食之美。

文人生性清高，好脱俗离世，自然不好食肉，但自古以来，搞政治或搞经济者都好食肉，如果哪一天不好食肉了，就大概已有退隐之心了。美国政商人士好在家中举行烤肉庆祝宴，尤崇尚大口吃牛排，颇像中国古代士人登第升官时会办的烧尾宴，烧尾宴是肉食大汇，有牛、羊、猪、鹿、熊、驴、狸、鸡、兔、鹅、鱼、鳖等等，显示要做官的人不觉肉食者鄙而是肉食者贵，一入官场即过起天天吃大鱼大肉的朱门酒肉臭的生活。

我平常观人，的确发现好竞争者好食肉，淡泊者好食蔬，介乎两者之间者则肉、蔬各半，如以世俗价值评人，好食肉者常居高位，但居高位者却未必不会犯了心窍粗鄙之失。令人论身心平衡之饮食，都应以四份蔬食配一份肉配一份粮，即平衡入世与出世之心，蔬食多肉食少对身体、心灵都好，毕竟，肉食总有杀生之害，李渔引《左传》说的“肉食者鄙”不无道理。

第八章

鱼之至味在鲜

*

吃鱼的讲究，
就在一鲜字，
但偏偏愈见鲜味的鱼，刺愈多。
在细针中挑细薄的鱼肉吃，
愈吃愈有味，
鲜味绕鼻不去，
吃完鱼后用鱼汁拌光面，
更是滋味缠绵。

我一向嗜鱼鲜，每次想食素，多因鱼鲜而破例。易戒食肉却不能戒水族，李渔在《闲情偶寄》中亦有同感，说什么“觉鱼之供人刀俎，似较他物为稍息。何也？水族难竭而易繁。胎生卵生之物，少则一母数子，多亦数十子而止矣。鱼之为种也似粟，千斯仓而万斯箱，皆于一腹焉寄子”。鱼类繁殖如恒河沙数之说，让人觉得罪过较小。呜呼哀哉！但这样想的人还真不少，不过李渔恐怕没想到他认为是恒河沙数一变再变，以至千百变的鱼，竟然在21世纪的今天，有许多鱼却已经濒临绝种，例如长江里的鲥鱼或地中海地区的鲔鱼等等，想起来真令人担心。

许多从前常吃的鱼，如今却贵到不仅不太敢吃，也不容易遇上了，例如小时候常在我家餐桌上出现的东海野生大黄鱼，在台湾则都说是金门来的黄鱼，是我祖籍江苏的父亲最爱的鱼，虽然家中有厨子，父亲总爱亲手做黄鱼，要不是红烧黄鱼豆腐，要不就是雪菜黄鱼汤或苔菜黄鱼托。

黄鱼有特别蒜瓣状的鱼肉和一股潮间的香气，一直是我童年印象最深刻的鱼，但自三十多年前，黄鱼的身价就一直连年水涨船高．鱼市场从一条几百元新台币卖到上千元新台币，再卖到数千元新台币再卖到上万元新台币，谁还吃得起黄鱼？就算想掷千金吃，市场也慢慢地断货了。以前南门市场过年时鱼摊上堆成小丘的大黄鱼景象，早就消失无影了，如今人们改吃东海的野生小黄鱼，小鱼的肉哪里能成蒜瓣？也有不少人改吃马头鱼略有蒜瓣的鱼肉。如今我常买马头鱼烧豆腐给老父吃，他也爱吃，但每次总不忘咕哝说从前有黄鱼吃时是不会吃马头鱼的，我说现在马头鱼也不便宜，大一点的一条也要七八百新台币，父亲又说从前马头鱼哪里是贵鱼？现在竟然稀奇了，我一听马上就想到等我到我父亲的年龄，说不定也吃不到马头鱼了，当下就觉得眼前这一盘红烧马头鱼豆腐真要好好珍惜了。

我一直觉得，从会不会吃鱼就可以看出一个人懂不懂吃。朋友之中，讲究吃的，多懂得吃鱼；不爱吃鱼的，却很少有称得上懂美味之人。为什么会这样呢？也许如俗话所说："懂得吃鱼的人比较聪明。"这话从何说起？大概和吃鱼比吃肉费心思有关，想想大块吃肉，即使是啃鸡鸭翅膀，难度也比吃鱼时跟细刺奋斗要容易多了。直到如今，在饮食上较世故的民族，如东方人、拉丁人，都以善吃全鱼著称，吃全鱼可是要会吐刺的。饮食文化天真的民族，如盎格鲁－撒克逊人、维京人等，则只会吃鱼排，专选好去头尾骨刺的鱼，如鲑鱼、蝶鱼、鳕鱼等等。李渔在《闲情偶寄·饮馔部》中，大谈吃鱼的讲究，就在一鲜字，但偏偏愈见鲜味的鱼，刺愈多。我生平吃过最鲜的鱼是刀鱼，刀鱼全身是刺，尤其在清明前，细刺密布如网，在此时蒸来吃有股独特的冲鲜味，一吃难忘。

在细针中挑细薄的鱼肉吃，愈吃愈有味，鲜味绕鼻不去，吃完鱼后用鱼汁拌光面，更是滋味缠绵。此鱼若在清明后吃，细刺日渐粗大，最后会像刀口般扎人，因此才叫刀鱼。

鱼鲜，可分溪鲜、湖鲜、河鲜、江鲜、海鲜等等，各有各的鲜味。溪鲜尚香，像京都人从早夏就开始的鲇鱼祭，吃京都近郊贵船溪床中的鲇鱼（亦称香鱼）。新店溪中早年也有香鱼，但香鱼最嫌水浊，早已绝迹新店溪。有一年盛夏赴京都游，坐在贵船盛行的川床纳凉席中吃野生的溪香鱼盐烤，才恍然大悟为什么鲇鱼叫香鱼，因为真有香味，不像如今台湾省或日本各地养殖的香鱼全无香味可云。

湖鲜最宜嫩，因湖水悠扬，鱼类不必太辛苦，湖中生态又丰好，鱼儿长得够肥嫩，但有一缺点是湖水土泥味重，因此治湖鲜一定要懂得在食前先用清水养个一两天，待湖鱼吐尽沙泥才可。西湖有名的醋鱼，发源于北宋的黄河醋熘鲤鱼，南宋杭人思此味，改用西湖中的青鱼，且必设大池先养鱼，就是怕食家挑剔土腥味。太湖中有一太白鱼，也以鲜嫩著名，此鱼名列太湖三白之首，我在苏州旁的小镇木渎尝过此鱼，滋味甚鲜甜，喜吃湖鲜者爱的就是湖鱼特别柔细的滋味。

京都是盆地，不靠海，除了溪鱼外，多吃近郊琵琶湖中的湖鲜。琵琶湖有一名产，乃遵从中国古风，把湖中的鲥鱼做成鱼酢，这种用粳米炊熟作糁腌制的鱼，腌得愈久，滋味愈腐鲜。有的京都人还嗜吃三年的鲥寿司，喜其那股特有的微臭味，因此现代京都人也叫鲥酢为忌司鱼。我每到京都，一定点鲥寿司来吃，一饱思古之幽情。

中国河鲜中，最出名的就是黄河鲤鱼和鲂鱼。黄河水杂，南方嗜鱼之人多不喜黄河鱼，好在黄河鲤与鲂肥壮，适合北人大口吃鱼。烹调之道也不宜清蒸，见谁清蒸鲤鱼来着？北宋开封的醋熘鲤鱼，也是想用醋味去河鲤之尘味；北平河南馆厚德福把河鲤炸成瓦块鱼，也是用油炸去土味；四川人的辣豆瓣鲤鱼（即台湾风靡甚久的蜀鱼馆之味），更是让鲤鱼之味获得辣鲜美誉。

巧的是，欧洲大陆的北人，如奥匈捷波等内陆国，加上德国不临海的地域，也嗜吃河鲤。我在德国小镇丁凯尔斯比尔 (Dinkelsbühl) 吃他们的乡土料理，竟是白酒烩鲤鱼，但白酒除腥功能不佳，反而是在布达佩斯吃到的乡土鱼汤，是用匈牙利红椒粉煮的鲤鱼汤，倒是一点泥腥都无，匈牙利人自视为欧洲里的亚洲人，光凭吃鲤鱼一点来看，的确较相似。

江鲜是中国人南方视为最美之鱼鲜，历史上著名的鲥鱼，本是东海鱼，一到初夏时分，便成群结队逆流游回长江，因是逆流而上，鱼肉特别活。鲥鱼最好吃时是四、五月间，有所谓“舍北三春韭，江南四月鲥”、“五月富春江上，鲥鱼最盛”，鲥鱼特别著称的产地是富春江及镇江，治鲜之道是用鸡汤、火腿、香菇、笋片清蒸最佳。鲥鱼的鱼鳞很细很柔，有特殊香味，因此烹煮时不须去鳞，而奇的是当鲥鱼被渔网网住时，鲥鱼绝不会乱蹦乱跳，据说鲥鱼是怕弄坏自己一身漂亮的七彩银鳞，因此鲥鱼又叫“惜鳞鱼”。

20 世纪 90 年代初期，我在镇江、上海都吃过鲥鱼，味道的确鲜美，但近几年因长江生态改变，已使得长江鲥鱼濒临绝迹，中国食鲥鱼已有

两千多年历史，一向被视为贡品的鲥鱼，难道会灭绝在这一代人手中？

长江下游是中国名鱼之原乡，著名的鱼类甚多，除鲥鱼外，还有刀鱼、银鱼、鲻鱼、河豚等等。一般人总以为吃河豚是日风，殊不知日本人是学自长江下游的吴越人家的吃河豚风俗。宋代食河豚之风兴盛，苏东坡就曾写诗："蒌蒿满地芦芽短，正是河豚欲上时。"话说万物生克有理，河豚上市时，满地生长的蒌蒿可以解河豚毒性。河豚的剧毒在肝、卵巢、鱼子、鱼血，吃河豚不宜四、五月产卵期间，最好是在鲥鱼上市前的三月间，因此才有诗云："鲥鱼入市河豚罢。"我在苏州的南园吃过河豚红烧，滋味细嫩，和在日本下关吃冰凉略脆的河豚生鱼片的风味很不同。

长江下游名鱼多，长江上游最有名的鱼首推被毛泽东吟过的"才饮长沙水，又食武昌鱼"，武汉的武昌鱼从此名震中国。武昌鱼即鳊鱼，李渔在《闲情偶寄》中也推崇此鱼之鲜美。鱼身左右扁平、头圆背隆、肉多体厚，清蒸前要在鱼身两侧划够深的柳叶花刀，蒸法和鲥鱼相同，味道却没有鲥鱼那么细致，但毛泽东哪敢说他爱吃被当作贡品的鲥鱼？他恐怕故意标榜武昌鱼来对抗鲥鱼吧！

松江的鲈鱼因"莼鲈之思"而闻名，鲈鱼在霜降后现身，冬至前后尚未产卵时最美，松江鲈鱼是无鳞鱼，只有一身薄膜，袁枚的《随园食单》曾谈及无鳞鱼要洗净黏液才可去腥，松江鲈鱼著名的吃法即剥去薄膜，拆下鱼肉，和莼菜一起煮成鱼鲙（即鱼羹）。西晋时期在洛阳做官的张翰，吃不惯北鱼，每当秋风起天凉，就会怀念起莼鲈羹，最后竟为此物辞官归故里（古人辞官的借口似乎比现代人的阶段任务完成的说法要浪漫多了）。

海鲜特色在猛，吃来生猛有味，江浙民风尚温文，一向不喜海味，除了靠海民风较刚健的宁波等地才喜海味，一般江浙人吃东海的大黄鱼（石首鱼），也要等黄鱼入长江、被淡水养过后滋味较柔婉时才好。

不管是古代称之为南蛮的岭南诸地或夷州的台湾，海产向来丰美，海鱼在浪里翻滚，鱼肉自然较结实紧绷，吃来口感较韧，不少海鱼宜炙（烧烤），宜油煎，都因鱼肉不易散落。在唐代一本专门记录南方气候、物产、环境及民俗的《岭表录异》书中，就记录了不少海鱼的食用方法，如嘉鱼，可隔芭蕉叶炙烤之；台湾喜用油煎的白鲳，在《岭表录异》中有一烹调法，是用姜葱煮之以粳米，煮至骨软，可连骨刺一同吃尽，因此又名“狗瞌睡鱼”，指狗在地上等人丢弃的鱼骨，等到瞌睡了都吃不着。

海鱼又分近海鱼与深海鱼，近海鱼味较细，像台湾人爱吃的近海嘉鱲就比深海嘉鱲好吃，小尾的近海嘉鱲可清蒸吃：现流的深海嘉鱲肉较硬，则宜做生鱼片。

李渔是江浙人，《闲情偶寄》中推崇的鱼多是江鱼河鲜，这点和我父亲很像，我父亲就一向觉得江鱼河鲜不仅鲜还比较嫩，海鱼虽鲜但不够细，然而台湾是海岛，四面都出极鲜的海鱼，但父亲偏不爱，因此小时候家里吃的鱼就仿佛是李渔出门买的鱼，例如，李渔说鲫鱼、鲤鱼皆以鲜胜者，鲜宜清煮做汤。父亲常做的萝卜丝烧鲫鱼汤和鲤鱼豆腐汤，的确比上海人爱吃的葱烧鲫鱼或河南人的豆瓣鲤鱼更能显现鱼的鲜味。李渔又说肥胜者的鱼，如鲥鱼、如鲢鱼适合烹做烩，烩鲢鱼头或烩奶鱼也是家父的拿手菜。

李渔没提到煎鱼，他一定觉得这不是吃鱼之道，我父亲也不吃我母亲爱吃的干煎虱目鱼，而我虽爱吃父亲的江浙式鱼，也爱吃台湾阿嬷做的各种海鱼料理，如煎红目鲢、煎白鲳、煎白带鱼、煎赤鲸等等，鱼皮鱼肉煎得脆脆的，吃来有劲，和江浙式的鱼别有风味。

但论到最会烹调鱼的，我却觉得江浙人、闽台人比不上粤港人的蒸鱼。所谓的港式蒸鱼，真的如李渔所云：“鱼则必须活养，候客至旋烹。鱼之至味在鲜，而鲜之至味，又只在初熟离釜之片刻。”则完全是港式清蒸老鼠斑的所谓蒸到少一分则生，多一分则熟的鱼肉初离骨的境界。

只可惜老鼠斑近年来也不易吃到了，只能吃青衣，但野生的青衣也少，市面常见的都是养殖鱼，养殖的风味根本没有野生鱼在岸礁贴底经急风惊浪度化的口感与鲜甜。

鱼味虽然无穷，但许多鱼味如今却只能回味，只能好好珍惜眼前还鱼味犹存的水族。

第九章

大闸蟹真味

*

从前李渔说的『不食螃蟹辜负蟹』，
如今却是『人工养蟹辜负蟹』，
蟹之真味在好水好生态，
当自然蒙难，
蟹也沉沦。

又到秋风响、蟹脚痒，九月团脐十月尖的季节，这时正是李渔准备买命钱的日子，在中国历代文人中，好吃蟹者颇多，但李渔恐怕是其中最出名的，原因无他，只要读过李渔在《闲情偶寄·饮馔部》中谈蟹之文，就能充分了解此翁如何以蟹为命。

李渔如此写道："予于饮食之美，无一物不能言之，且无一物不穷其想象，竭其幽渺而言之。独于蟹螯一物：心能嗜之，口能甘之，无论终身一日，皆不能忘之。"

让李渔终身不能忘之的，即在九月十月出现的蟹。李渔文中并未以大闸蟹名之，但李渔是江南之人，痴情的蟹又是被他名为九月十月蟹秋之蟹，今人自然知其为大闸蟹。

大闸蟹的致命吸引力，我生平有两次体会。一是童年时曾与父母参加长辈的蟹宴，当时台北尚无合法的管道从大陆进口大闸蟹，都是以香港之名转进的半走私货，因父亲来自江苏，亲友自是以江苏人为多，当天蟹宴的主人，就不知是如何弄到了一篓又一篓的大闸蟹。记得主人伯伯家住台北的半山丘，进得一幽雅的庭院，夜里的桂花香飘荡着，小院中搭了篷，竹桌上铺了白餐布，身着白衣黑裤的仆人端上刚蒸好的蒸笼，里面是一只又一只红艳艳的螃蟹，这是我第一回听到大闸蟹的名称。

当天晚上，主人准备的大闸蟹可说是倾巢而出，配上台湾本地酒厂的绍兴酒，这群大人们手持蟹螯，用蟹八件取肉掘膏，吃得尽兴、谈得也尽兴，所谈大抵都是二十多年前缥缈的家乡事，只是从小院俯视山下，却是台北当年还零星的灯火明灭，才知此时蟹景不在家乡。

我和一些小孩子们自然还不到懂得吃蟹的年龄，在院里院外跑来跑去，偶尔转回父亲身边，被他叫住了，喂了我一口蟹黄，那滋味真浓郁，仿佛封住了我的嘴，对孩童而言那是太老成的味了，当然说不上喜欢，但那一口滋味却留在了心上。一直到今天，我都记得那股浓香滑脂，长大后虽然再吃过不少的蟹黄，却永远比不上那口初体验，像什么？也许是初吻吧！也是惊咤多于爱恋的感觉。

那一夜的蟹宴，真是宾主尽欢，有人桌前堆着小丘似的蟹壳，有人讲究地拼起了蝶状的原样蟹形，有人唱起了昆曲中的《游园惊梦》，有人小口轻啜仆人送来的红糖姜水，之后再热闹再欢乐的宴会，还是得曲终人散，蟹尽人归了。

记得那一天和父母回家的车上，父亲和母亲说起了今天主人大破费了，当时从港来台的大闸蟹非常昂贵，不知主人为何如此大宴亲友分享家乡美蟹。答案第二年就分晓了，亲友都不知主人已有重疾在身，第二年主人就逝世了，原来那一年的蟹宴也是主人对亲朋好友与人生的告别谢宴。

直到今日，吃大闸蟹这回事，对我都是既欢愉又有些悲哀的事，李渔说他自己嗜蟹一生，“每岁于蟹之未出时，即储钱以待，因家人笑予以蟹为命，即自呼其钱为‘买命钱’。”不知我那位伯伯是否也读过《闲情偶寄》？自知命不长的他，决定好好买蟹花命钱。

李渔说他自己癖蟹，我也是个好吃蟹的人，而且对蟹极博爱，从台湾毛蟹、花蟹、处女蟳、北海道帝王蟹、宁波温蟹以及越南膏蟹等等都爱吃，当然也吃大闸蟹，却因不是情有独钟，就显现不出如李渔蟹癖之奇了。而我身边刚好有一人有大闸蟹癖，此人乃我夫婿。他从小没吃过大闸蟹，但对于各种蟹均不爱吃，每次我叫各种蟹，不管是蟹生、清蒸蟹、面拖蟹、蟹酿桔等等，此兄都只吃一两口后就懒得再动手，问他为何，都说嫌麻烦，我还想此人大概今生与蟹之美味无缘了。

没想到，在二十多年前我们第一次到上海采访，我拉着他去吃大闸蟹，奇事就发生了，他老兄竟然一吃动情，完全不可理喻地就爱上了大闸蟹，而且对大闸蟹的反应可比我要强烈许多。据他说，他吃到了一种很香很香的滋味，就如李渔所说“至其可嗜可甘与不可忘之故，则绝口不能形容之”。这种无法形容却紧紧抓住他的味道，让我先生如今每逢

秋风起，就会问我何时去吃大闸蟹，我反问他，吃大闸蟹不嫌麻烦吗？他都说绝不麻烦，这个如今还是不吃其他蟹，连吃虾都嫌剥壳麻烦的人，却可以一只大闸蟹吃半小时吃得干净利落，究竟何故？不可解也，只能说也许他前世曾为明清时期的苏州人，唯一爱吃的蟹即大闸蟹，如今转世仍难忘前生嗜味。

我先生吃大闸蟹只吃清蒸水煮的原味，这是吃蟹的正宗吃法，袁枚在《随园食单》中也说："蟹宜独食，不宜搭配他物。最好以淡盐汤煮熟，自剥自食为妙。蒸者味虽全，而失之太淡。"李渔也说："世间好物，利在孤行，蟹之鲜而肥，甘而腻，白似玉而黄似金，以造色、香、味者之至极，更无一物可以上之。"

但大闸蟹是贵物，凡物贵，一定会有不少借名之食，例如大闸蟹宴席上蟹羹、蟹粉豆腐、蟹黄小笼包、炒虾蟹、蟹肉狮子头、油酱蟹等等，这些蟹菜虽也好吃，但道道比不上清蒸水煮蟹的原汁原味，道理何在？就如最美的女人一定是青春不施脂粉的少女，一旦上粉抹彩，美则美矣，却灵气尽失，原味的大闸蟹也贵在那一股灵气。我先生自认不是美食家，却坚持吃大闸蟹只吃原味，那股他说不出的味道恐怕就是灵气吧！

只是近年来大闸蟹的灵气渐失，李渔若生于今日，也许就不必花太多买命钱了，现在逢金秋吃大闸蟹是应时应景之乐，却不必如李渔所书："自初出之日始，至告竣之日止，未尝虚负一夕，缺陷一时。"只是从前李渔说的"不食螃蟹辜负蟹"，如今却是"人工养蟹辜负蟹"，蟹之真味在好水好生态，当自然蒙难，蟹也沉沦。最好吃的大闸蟹，当然是能野生回游于内河与大海之间的蟹。如今用人工放养，滋味香味均减去不少，难怪今之文人，歌颂起蟹的美味，就不如唐宋以迄明清的诸多癖蟹君子，如唐代皮日休（咏蟹）：“未游沧海早知名，有骨还从肉上生，莫道无心畏雷电，海龙王处也横行。”宋代曾写《蟹谱》的高似孙，也写过诗赞蟹包：“妙手能夸薄样俏，桂香分入蟹为包。也知不枉持螯手，便是持螯亦草茅。”南宋另一以《山家清供》一书闻名的美食家林洪也写下《持蟹供》一文：“尖脐蟹，秋风高，团者膏，请举手，不必刀，羹以蒿，犬可飨。”清代还有一首黄子云写的《食蟹歌》：“柔腻或白芙蓉脂，块垒或赤丹砂球。肉房栉比犬牙错，细理剔块情绸缪。巨螯荦角沾柔毛，偏旁大小如吴钩。齿力宛转碎脱之，肌雪入口无停留。”

蟹啊蟹啊！汝之真味，原为天道自然，如今人道不彰，天之尤物，还能享用多久？望中华子孙多读读历代文人咏蟹诗文，好好珍惜保存中华名物大闸蟹之灵气吧！

第十章

和花草树木学做人处世

*

只有亲手种植的关系才能识得花草树木之魂，
这好比人和人的关系，
赏花就如识人只得很表面的认识，
没有真正生活在一起，
是无法看出人的真性情的。

几年前搬家，住进了台北市中心二楼的华厦，当初挑上这间房，就因看上了这里有宽大的室外空间，以市中心动辄每坪上百万的屋价而言，竟然可有近六坪的长阳台加露台，也好让我稍稍满足一下种植花草树木之心意。

人生常是这样，太年少时拥有的事物并不知珍惜，往往失去后回忆当时才知可惜。我一直到近四十岁时才不可遏止地渴望住在一所有大院子的房屋，这个理想若真的敢搬到乡村也不难完成，只是人生鱼与熊掌不可兼得，我的工作又不能离开都市，但都市中虽然要啥有啥，偏偏土地最稀有，在都市中想有个院子，地价都可能要好几亿新台币了。

我这一代人，刚好出生在台湾由农业社会进入工业社会的变迁阶段，在我二十岁以前，台北还是个到处有平房、处处可见稻田的地方。我在

二十岁以前住在台北近郊的温泉乡新北投，那里风景非常秀美，阳明山、大屯山、七星山环绕三边，一边开向淡水河冲积的关渡平原。童年的家在温泉路的山凹处，是一所日式平房，屋前屋后都有院子，小时候看树就是树，只会享用，并不太知道花草树木和地理、历史的风土关系，长大了回想起，才知道当年家中种植的各种花草树木都其来有自，例如屋后有一株长得甚高的槟榔树和茂盛的面包树，恐怕是受早期北投凯达格兰人影响所种的树木，因槟榔果、槟榔叶、面包果、面包叶都是凯达格兰人常食常用之物。但我爸妈一是江苏人一是闽南人，都不识这两物，因此每年都让凯达格兰人免费来采摘。日后当我年长后去部落游玩，吃到了面包果，才可惜童年时竟不懂享用就在家院中生长的甜美的果实。

后院中还有几株高大的果树，可供我童年爬树摘果，有枇杷树、杧果树、莲雾树、芭乐树、杨桃树，这些我一直认为是很台湾的果树，长大后才知道大多是荷兰人从东南亚引进台湾的水果。童年时这些水果都不用上街买，每到产季，吃都吃不完，真是幸福啊！可以往树上一爬，学猴子般挑最成熟的果子来吃，也不怕有农药残余，当时谁会洒农药？也不用施肥，土地肥沃得很，长出来的土杧果、土芭乐、土莲雾又香又甜，但以后这些土水果都从土地上绝迹了，新培育的大杧果、大芭乐、大莲雾的甜都要靠肥料养，吃来令人不放心。

后院的树木都是果树，前院的树则以赏花为主，用途为辅。有一排的桂花树，每到秋天飘香，尤其是晚上，香味深邃的连我睡在卧床上都闻得到，我常常就在桂香飘逸中入眠；少年时代的诗意也许就在桂香的潜移默化中养成。早春时，前院有两株山樱开满粉红的花，真是美哟！

外婆会把山樱花小心地摘下，晒干后和煎茶放在一起泡茶；秋天时，爸爸也会采下桂花放在细麻布上晾干制成桂花酱煮酒酿汤圆。他们两个人各有所需，一个是日式风情，一个是中国风情，山樱花听说是从前日据时代种下的，桂花则是台湾光复后外省文官种植的。

前院的另一边是花园，种了山茶花、桃花、栀子花、菊花、杜鹃花、茉莉花、石榴花、绣球花、夹竹桃、玉兰花、玫瑰等等，春夏秋冬轮流开花。小时候并不太注意花时，但季季看、年年看，十几年下来也会注意到早春的杜鹃花、桃花开了，接着是早夏的玫瑰、栀子花、玉兰花，然后是盛夏的夹竹桃、石榴花，入秋时的绣球花、菊花，入冬的山茶花。后来妈妈还种了圣诞红，一到深冬整个花园就有了红艳艳的圣诞红，花园一年四季都有不同的姿态，但家中客厅每到过农历年前都会在茶几上放上好几盆的水仙蒜，春节一到一定会开满了水仙花，让早春的气息悠然来到人间。

小时候分不清这些花草树木的不同属性品等，但心中却也有不同的感受，初长时读到李渔的《闲情偶寄·种植部》所记载的各项木本、藤本、草本、众卉、竹木，拿来验证年轻时的感受，只觉非常有趣，但还不能深得李渔之心。直等到四方游历又二十年后，看过了更多的花草树木，对世间人情也有更多的了解，再加上失去了日常生活与土地和花园的联系，最后只得在都市露台上借着大小盆栽寻回和花草树木的旧情时，再重读李渔之文，此时终于读通了李渔所感。

李渔《种植部》中所记，都是他亲手种植过的树木，只有亲手种植

的关系才能识得花草树木之魂，这好比人和人的关系，赏花就如识人只得很表面的认识，没有真正生活在一起，是无法看出人的真性情的。

我在阳台上放置了大小盆栽，依着日光照射的高低，种植了各种草本、藤本、木本等等，这些植物因为长在阳台的盆栽中，不比童年家中的植物都长在泥土中，生命力自然比较脆弱，需要经常打理，也更受四时节气与暑气寒气的影响。几年下来，有的植物历经挑战都能恢复生机，有的植物虽屡屡败北却依然奋斗向上，有的植物却奄奄一息苟延残喘，也有植物就此葬身沦亡了。面对这些植物的命运，如伴以李渔之文思之，每每可觅得人生真意也。

李渔写道："草木之种类极杂……木本坚而难痿，其岁较长者，根深故也。藤本之为根略浅，故弱而待扶，其岁犹以年纪。草木之根愈浅，故经霜辄坏，为寿止能及岁。是根也者，万物短长之数也，欲丰其得，先固其根，吾于老农老圃之事，而得养生处世之方焉。"

"人能虑后计长，事事求为木本，则见雨露不喜，而睹霜雪不惊：其为身也，挺然独立，至于斧斤之来，则天数也……则是藤本其身，止可因人而成事，人立而我立，人仆而我亦仆矣。至于木槿其生不为明日计者，彼且不知根为何物。"

只有亲身种植过草本、藤本、木本植物者，才会真切地与李渔同感。我在刚开始设计阳台植物时，种植了不少香草盆栽，如百里香、鼠尾草、薄荷、迷迭香、马约兰、罗勒等等，整个阳台敞阴的一角养了数十盆香草，看了真欢喜。那一阵子常下厨，用的都是自己种的有机香草，朋友来访，也都很羡慕我有这片香草花园。以前我在南欧旅行时，最喜欢参观中世纪时期的修道院的香草园，没想到自己如今也能在台北的天空下享有用珍馐香草做菜的乐趣。但这样的好景过不了好久，台北的气候冬天并不严寒，香草草本并不怕霜雪侵害，从秋天长到冬天，到了春天再到早夏都还欣欣向荣，但一到大暑，气温高达摄氏三十六度时，加上阳台偶尔会有瞬间热风吹来，不少细枝细嫩的香草植物如百里香、罗勒等就先“阵亡”了，真是如李渔所言，为寿止能及寿，我虽然会不断更替新盆栽，但眼见这些娇贵香草常常有过不了一年或过不了两年、三年的，几年下来只剩下可受热的迷迭香还活得好好的。香草植物如此脆弱，当然不是珍贵之物，用来做菜也说得过去，但做人处世则千万不可学香草不耐暑热考验，所谓人不可做温室中的植物，指的就是这类脆弱的香草植物，做事只在乎表面功夫，不知深入根底，就容易事如浮云，一下子就会过去，求知亦如此，不肯认真研究，知识就如香草，只能一时暂用。

草本植物中的水仙，李渔说其只有一时之命，冬季养花，春季开花，希腊人常以水仙比喻青春自恋之人甚有道理，青春何其短暂，只不过是人生四季中的一季，人若自恋也甚为短促，青春一过就自恋不起来了，种在阳台上的水仙就经常教我此等道理。

自古以来，高人逸士喜爱菊者甚多，尤以陶渊明的“采菊东篱下”最为出名，但李渔偏偏不爱菊，何以故？如果我不是亲自种菊过就无法明白此理，原来菊花之美全仗人力，不似牡丹、芍药之美可仗天工，养菊之人必须十分勤劳，从春徂秋，自朝迄暮，须无。刻之暇，才能养出丰丽而美观之花，否则只能种出堪点缀疏篱的婆娑野菊。李渔认为种菊乃儒者之治业，太累了，我也深有同感，养花种树既为怡情，还是种可成天公之美的逸品吧！

藤本植物，比草本命长，但不如木本坚实，必须挣扎求生。从前台湾作家杨逵在台中东海花园种玫瑰，有著作《压不扁的玫瑰花》一书，我在二十岁时曾拜访他老人家，但当年还不太懂玫瑰花压不扁之意，等到自己种玫瑰后才明白玫瑰花的生命力既脆弱又坚强，脆弱乃易受环境影响。我阳台上有一株黄玫瑰，初来时长得很茂盛，开满了有如婴儿手掌般丰美的黄玫瑰，但三年前大暑节气时，气温热到爆，阳台上竟有不明的焚风，把整株玫瑰的叶子都烧焦了，枯叶纷纷掉落，玫瑰树只剩下枯枝，本以为此树活不了了，没想到枯枝经秋冬雨季的沉潜，隔年春天竟然发新树芽，只是长出来的叶子小了原来的四分之三，后来开出的玫瑰花也小得有如钱币大小，这株玫瑰已经长得不像从前的玫瑰了，但却更让我怜爱。如今这株玫瑰只能开出一朵、两朵花，从来不见同时开上三朵以上，但奇怪的是，从此开花从不间断，从春天到冬天常常都在开花，似乎在向世人宣告坚强的生命意志。我终于明白玫瑰花的可爱不在大鸣大放，而在不向环境低头，怪不得崇尚自由精神的杨达、殷海光、康同璧等人都爱玫瑰。

阳台上也种了桂花、玉兰和山茶。桂花、玉兰花贵在其香，只可惜这两花如李渔所说“最不耐开，一开辄尽”，怪不得要把桂花制成酱，否则一地落花殊可惜。玉兰也是，台北马路上常见兜售玉兰花的小贩，因为此花从含蕊到盛开不过两三日，虽然很香，却太短促，不像山茶最

能持久，愈开愈盛。我有两株山茶，一株纯白，一株深红，整个冬天无一天不可赏花，此花朵在树枝上的附着力惊人，又美又坚强，怪不得法国设计师香奈儿喜欢山茶花。前两年我发现在山茶花的树枝缠绕处有一鸟巢，怪不得每天清晨都听到雌鸟喂食小鸟的鸣叫声，鸟巢造得十分坚实，都是捡拾山茶的细枝细叶造成的。我很受这鸟巢的感动，天地何其大，不知这只雌鸟如何发现我家阳台上有一株可栖身养育小鸟的山茶树，连小鸟都要有巢，我们人类实在不应该让房子贵到让许多人都买不起巢啊！

李渔谈木本植物，最推崇梅，自我养了梅树后也懂得了他的心意。在一年之初，最早开花的就是梅花，梅花开在隆冬，不像水仙要等春暖报春，梅花又开在残枝上，让人不解为何此花有如此生命力抢先绿芽胜出。开出的五瓣梅花又坚实，附在残枝上近一个多月，又不怕寒流，真是愈冷愈开花；也不怕风，不像仲春的樱花，一阵强风一吹就纷纷落花。日本人喜欢樱花的短暂匆匆，象征人生的无常；中国人喜欢梅花的坚强经得起考验。樱花是青春情怀，梅花却是老年心肠。我的阳台上各有一株樱树与梅树，如今人在中年，回顾青春、展望老年，开始明白人生不只要识得花草树木之名，也要识得花草树木之魂，才能明白做人处世之理，但要明白花草树木之魂，就不能不如李渔所说要亲自种植之方可明了，世间许多事不也这样，不亲身体验之，哪里能深入其心？

第十一章

不敢不乐

*

虽然别的生命发生了极痛苦的悲剧，
我们或许也曾跟着哭泣，
但面对悲剧，
并不代表我们就要对生命放弃欢乐，
谁知道能在今年樱花树下花见酒的人们，
明年在何方呢？

二〇一一年春天，日本发生“三一一”地震所造成的海啸与辐射事件，使得当季的樱花时节蒙上了悲伤的阴影。我身边有些友人原本讨论好的花见行程也因之取消，但我和夫婿还是按照了预定计划前往日本京都。

四月上旬的京都，樱花依如往年盛开，只是游人比起昔日较为清落了些，反而增添了赏花的情致，尤其今年看到樱花灿烂，感触特别多。樱花本是无常之花，开得如花似梦时，只要天气一变，来个稍大的雨，马上花吹雪落英满地，樱花美景稍纵即逝，在日本遇上天地大灾变之后观之，更觉人生无常。

从前读过李渔在《闲情偶寄》中谈行乐，这回因京都观樱而浮上心头，李渔说：“造物生人一场，为时不满百岁……即使三万六千日尽是追欢取乐时，亦非无限光阴……又况此百年以内，日日死亡相告，谓先我而生者死矣，后我而生者亦矣……死是何物？……知我不能无死而日以死亡相告，是恐我也；恐我者，欲使及时为乐……康对山构一园亭，其地在北邙山麓，所见无非丘陇。客讯之曰：'日对此景，令人何以为乐？'对山曰：'日对此景，乃令人不敢不乐'。"

这一回在京都，真是懂得了不敢不乐的意思。往昔到只园的圆山公园赏樱，看年轻的男女，尤其那些看来像初入社会，身上穿着廉价的上班族西装与套装的公司职员，坐在铺着蓝胶布的草地上，吃着附近便利商店买来的寿司、色拉、泡面等等，喝着易开罐的清酒，一群人喧闹着青春的话语，在落樱纷飞的树下度过他们稍纵即逝的花样年华。

以前我看到这些赏樱时吵吵闹闹不能不醉花见的青年人时，内心并不欢喜，中年的我喜爱的不免是清幽的赏樱意境，在人潮尚未涌现前独自在白川南通或哲学之道踩着一夜落樱的足迹漫步，但这一回看着青春在樱花树下喧嚣，想到那些随着海浪而逝的人们，其中也有一样年轻或更稚嫩的生命，也许都还不曾在樱花树下醉过酒呢？眼前的花见情景，突然让我湿了眼，人生真是不敢不乐啊！虽然别的生命发生了极痛苦的悲剧，我们或许也曾跟着哭泣，但面对悲剧，并不代表我们就要对生命放弃欢乐，谁知道能在今年樱花树下花见酒的人们，明年在何方呢？今年不一起同乐，也许明年就各分东西、生死两隔了。

樱花本来就是特别华美，也因此特别脆弱，樱花似人生，如露亦如电，虽然年年有美景，景在人却未必在。

樱花最像青春，美得如此放肆哗然，却又如此匆促。有一天在花见

小路上分别看到只园的舞妓和艺妓走过夹道盛开的樱花树，突然发现年轻的舞妓和怒放的樱花如此相配，那种不可遏止地跟天地争辉的青春能量。当下觉得舞妓是樱花，但熟年的艺妓，虽然如此优雅，却不那么适合樱花，有着岁月容颜的她们适合秋枫的幽美。

春樱、夏绿、秋枫、冬雪，都是生命之美，面对此情此景，只要活着，真是令人不敢不乐。

但人如何行乐呢？李渔在《闲情偶寄・颐养部》，花了不少篇幅谈行乐。李渔把行乐依阶级、财富分为贵人行乐、富人行乐、贫贱行乐，依处境分为在室家庭行乐、出外道途行乐，又依季节分为春夏秋冬的不同行乐之法，还有随时即景就事行乐之法，李渔写行乐一文浩浩荡荡，可见行乐有大学问也。本文因篇幅所限先谈四季的行乐法，下一篇再细谈其他。

读者阅文之际应是秋季，秋季在四季中最宜出游，只可惜你知我知大家知，京都秋枫盛景尤胜春樱，但光是订旅馆就得早两三个月前预订。有一回枫红秋日，我和先生买了机票就随性出发，差点在京都流落街头，从此宁可看深秋落枫。

李渔写秋季行乐之法，也劝人“有山水之胜者，乘此时蜡屐而游”，他又说秋季宜访老友：“有金石之交者，及此时朝夕过从，不则交臂而失。”我思索着为何秋季宜会金石交，恐怕和古人道途不便，夏冬不宜出门，春季人心思春，想会的恐怕是密友而非金石交。

有一说秋日和，所谓金石交，一定是相交深而和谐者，秋季会老友，春季交新友，也是季节人情之分野。秋季也是收获季，我喜欢秋日到欧洲的酒乡看摘葡萄酿新酒。意大利林间的牛肝菌、日本山野的秋荤都在此时成熟，秋季是味觉之秋，李渔谈秋季行乐，竟然没谈吃大闸蟹喝黄酒，行乐当及时，否则“又负一年之约矣”。

冬日行乐，必须不怕风雪。有一回冬日我到匈牙利的布达佩斯居游，那里下起大风雪时会深至膝盖，出门走路十分不易，但窝在旅馆中的我，对着窗外白茫茫大地却心生极乐，何也？平常不懂暖和之乐，因大雪狂飞，守候屋内的我，光是一床温暖的羽绒被就有天堂之感。

李渔写道：“冬天行乐，必须设身处地，幻为路上行人，备受风雪之苦，然后回想在家，则无论寒燠晦明，皆有胜人百倍之乐矣。”这段话是什么意思？换成大白话就是，人之乐有两端，一是真好我在其中之乐，一是好险我不在那里之乐。李渔认为冬日宜回想自己不在的苦境中，此话说得真妙，人脑本有选择性的记忆。我曾冬日长途跋涉于寒流狂风暴雪中，当时真苦，当然不能说乐，但只要想到快要走进一间有炉火的屋子，心中就升起了快乐的期待，等到真的脱离苦境后，反而因回想苦境而生乐。君不见富人最喜之事即回忆从前的穷日，只有忆苦才能思甜，人生只有到了冬日，才懂得青春有多美好，但在青春当时谁珍惜过青春年华啊！李渔曰：“春之为令，即天地交欢之候，阴阳肆乐之时也。人心至此，不求畅而自畅。”

若以春日比喻人生，春季行乐有如青春行乐，“不求畅而自畅”即

为自 high，很容易开心，但也很容易情绪起伏过大，秋日和气，三春神旺气畅，容易过情。人生只见我于青春无悔，在春樱下花见闹酒可；谁见我于中年无悔，在秋枫红叶下恐怕就得沉思悟道了。

春游宜喧，秋游宜静，古代春日上巳三月三踏青，源自远古郊外野合的传统。据说人体在春季的性荷尔蒙激素会增加，思春之意是有生理反应基础的，少年人血气方刚，也和季节的造化同理。季节的春天年年来去，繁花盛景的园子花开花谢年年有，但人生的春天却只有一季，少年时不能乐，何时再有青春乐？管教少年的父母可要拿捏得分寸，莫负青春少年头啊！

这几年地球温室效应产生的极端气候，夏季酷热，让不少人难过三伏天。俗话说："过得七月半，便是铁罗汉。"夏季本是一年之中"阴阳争，死生分"的日子，现代人靠冷气来暂时疏解，但冷气机排放热气使得不少城市如台北、上海比纬度靠南的城市气温更高。

夏季如何行乐？法国人会往普罗旺斯、蔚蓝海岸跑，意大利人、英国人、德国人、荷兰人等等也爱在海滨泡水，在大太阳下晒出一身老人斑或皮肤癌，东方人多不喜和盛夏如此正面对抗，李渔认为，"天地之气，闭藏于冬；人身之气，当令闭藏于夏"。因此夏日行乐最宜"刻刻偷闲以行乐"，光凭此语，便知这是中老年人的夏季行乐。我在童年、青少年时，根本不怕大太阳，酷暑当头还是天天往外跑，晒到全身如虾壳脱皮，等到开始懂得避夏时，已入中年，当时人在伦敦，身边欧洲人都在迎接阳光，只有我等东方体质躲在海德公园的树荫下。当时我思索着文明亦有少年、壮年、熟年、老年之分，老年文明后裔都躲太阳，像埃及人、印度人、中国人，法国人是熟年文明，若去海滨也会躲在遮阳棚下，只有少年的美国文明，才不怕炎蒸烈阳。

李渔在写道夏日行乐时，提及他的一生，得享列仙之福者，仅有三年，当时的他："予绝意浮名，不干寸禄，山居避乱，反以无事为荣。夏不谒客，亦无客至，匪止头巾不设，并衫履而废之。或裸处乱荷之中，妻孥觅之不得；或偃卧长松之下，猿鹤过而不知。洗砚石于飞泉，试茗奴以积雪；欲食瓜而瓜生户外，思啖果而果落树头，可谓极人世之奇闲，擅有生之至乐者矣。"

此等奇闲，我亦懂得。

一九九二年至一九九七年的五年间，我闲居在伦敦海德公园北边小屋，偷得五年闲，啥事也没做，尤其是夏日，公园走走，露天市场买小菜、回家看闲书、天天睡小午觉，既享懒福也享清福，如今回想昔年，真是乐也，即使今日不得闲，仍能心中偷乐。

第十二章

简单行乐之况味

*

生活日常事中有大乐亦有小乐，
贵富穷者若有乐心，
皆可得之，
若心不懂其乐，
皆为不得不为之烦杂，
如何识得简单行乐况味，
就在把心打开，
心打开了就开心，
开心当然乐啊！

执笔写此篇时，我刚从意大利旅行近一个月返台，踏进家中第一个感觉就是回家真乐，旅行难道不乐？人到中年后，才明白旅行“Travel”此语的拉丁文字根之意为“受苦”。但人为什么要旅行？因为旅行会让人兴奋，可以增广见闻，可以丰富生活，旅行中看美景吃美食都是美事，却未必全是乐事，因为旅行很累，人只要累，就很难享受简单的行乐。

李渔写作《闲情偶寄》时，已过半百之年，全书正式印行时，李渔已六十一岁，何谓人生乐事？如何行乐？李渔早已识得其中况味。因此李渔谈行乐特别有味。在“贵人行乐之法”中说道：“乐不在外而在心。心以为乐，则是境皆乐；心以为苦，则无境不苦。”李渔认为贵人最易多事，不多一事，才能得逸，偏偏大部分的贵人最怕别人不知其贵，每每要争先恐后日理万机诸事不得闲，李渔对此等贵人之建议在劝其用退一步法，贵人行乐必先知足才可。

李渔认为最难行乐的是富人，此话怎说？一般人或多以为富人钱多买快乐也易，偏不知快乐最难买到，金钱也许可以买到满足和兴奋，却不容易买到快乐，否则为何富人要一买再买？买得珠宝、华厦、美人，还要继续买别人的肯定与羡慕，但最终买到了快乐了吗？为何李渔认为富人行乐难，因为行乐固然需要有资金，但资金太多，反为累人之具。钱太多则生烦恼，在旅行途中还得关心金融市场的起伏；钱太多分财有分的烦恼，不分亦有不分的嫌隙；钱太多容易增生物质欲望，不管是买东西置产理财都会消耗人的元气，天天营营役役、盘算计较，哪得清风明月之悠闲清静与心安理得？此理李渔说得好："财多则思运……一运则经营惨淡，坐起不宁，其累有不可胜言者。财多必善防，不防则为盗贼所有，而且以身殉之；然不防则已，一防则惊魂四绕，风鹤皆兵。"

富人行乐难，若要行乐，李渔劝其"多分则难，少敛则易"。少敛心思平，心思平才有行乐的余地。

世以为穷人百事哀，其实不然，穷人最哀之事就是没钱，没有比没钱更大的烦恼了。穷人生病，不会唉声叹气、自怨自艾，只会想赶紧好起来去养家活口，穷人有时反而比富人更懂苦中作乐之道。李渔建议穷人行乐之秘方亦在退一步法，不要往上比，人比人气死人，李渔写道："我以妻子为累，尚有鳏寡孤独之民，求为妻子之累而不能者；我以胼胝为劳，尚有身系狱廷，荒芜田地，求安耕凿之生而不可得者。"

不管是贵人、富人、穷人，世间亦有随时即景就事之行乐，是为简单行乐。不过是睡或沐浴之事，此等生活日常事中有大乐亦有小乐，贵富穷者若有乐心，皆可得之，若心不懂其乐，皆为不得不为之烦杂，如何识得简单行乐况味，就在把心打开：心打开了就开心，开心当然乐啊！

关于睡之乐，李渔写道：“养生之诀，当以善睡居先。睡能还精，睡能养气，睡能健脾益胃，睡能坚骨壮筋。”以上之言，在我过中年之后，从亲身经验中引为至理。年轻时不会懂得睡能还精养气之理，常常拖着身子熬夜不睡也不想睡，现在每天劳形役神，最盼就是一天下来上床好睡一场。

现在的我，每每到晚上十一点前就想上床，上得床时都觉得很幸福，因为可以抛下尘俗进梦乡了。我常觉得自己是好命好睡之人，头一放在枕头上，通常十分钟内（会稍微想一下一天的心事），一定能入睡，但一年之中也偶尔会有三、四次不容易入眠之夜，那一定是有难解的俗事，这等让我不好睡的事，我一定会立即置之脑后或放下牵挂或化解其烦。总之，我绝不能接受不能好睡之事，但我也认识经常失眠或夜夜吃安眠药这样的人；这些人不管外表是否快乐，心一定是不懂放下之乐的。

我每日尽量睡到自然醒，很少用闹钟，也尽量不排要事在晨，以免影响睡眠。我的睡眠时间有时七八小时，有时八九小时，通常早睡就睡得短，晚睡就睡得长，我绝不控制睡眠时间，但我关心睡眠品质，当我睁开眼时觉得浑身轻盈、神清气爽又有幸福感时就是睡够了；如果还感到消沉困怠不太想睁眼，那我一定就继续睡，等睡够了再清醒。我身边亦有些十分努力上进的社会贤达贵人，其中不少规定自己每天只能睡四五小时，奉行这种省时间赚人生的成功习惯者也确实成功了，但这些

人却绝少容光焕发、面带幸福笑意者，大多看来有些忧郁沉重，我偶尔问他们，你们快乐吗？当然从未有人予我肯定答复。

好睡的我，不用找人按摩筋骨，平日筋骨稍有呆滞，一夜好睡就能恢复畅快，有时身体有小病痛，我也不看医生，如果好睡一夜，没事就没事了，要等睡好还解决不了的病才值得去找医生。这点很像李渔在《闲情偶寄》中引用的《睡诗》：“花竹幽窗午梦长，此中与世暂相忘。华山处士如容见，不觅仙方觅睡方。”

李渔提到长夏最宜午睡，此话至真，因为夏日中人的活动时间长，常早起晚睡，况且暑气伤身，宜午后补眠。我的工作室离住家甚近，夏日午后最喜回家冲澡，换上清爽睡衣，躺在既凉且静的睡榻上稍睡三四十分钟，小睡醒来时世界有如初生时静好，有这样的能量补充，生活如何不乐乎！

李渔谈睡中三昧，最妙者在不可“有心觅睡，觅睡得睡，其为睡也不甜。必先处于有事，事未毕而忽倦，睡乡之民自来招我”。这种看书、看电视、听音乐到了一半，忽然困极，不管人在何方，脑子陷入昏沉，忽然睡去，往往陷入极黑甜之睡乡，即使有时只睡不到十分钟，醒来时嘴边竟然睡沉到流了口水，这样的倦极而睡，是最美妙的睡，睡的不只是眼，连心都睡了啊！

睡是人生一大乐事，但往往能过简单生活的人才睡得好，此为天官赐福，睡龙床、黄金床的人，未必比睡稻草铺着睡得好。人若有烦恼一

定睡不好，能睡是福人，福气在心宽、心闲、心静、心安也。

李渔也谈到沐浴之乐，沐浴可当大事看。远古人类祭天拜神一定得斋戒沐浴以示神圣尊重，此乃恢复人之处子出生之境，但如今沐浴也被看作日常之事，每天洗澡惯了，就忘了净身不只净感官之身，也净心灵之身。

我是个极爱沐浴之人，盛夏之月，一天最少沐浴三次，晨起梳洗、午后冲凉、睡前静浴，洗得心平气和、心静理明。我常言：如果想做什么事但悬而未决时，就先去冲个澡，冲澡后换上睡衣，还想做的事才可当真考虑，否则就罢了吧！另外我也看过俄国大文学家陀思妥耶夫斯基关于沐浴的名言："好好洗一次热水澡的道德疗效比上教堂还有用。"沐浴不管是凉水或热水，洗的不只是肉身，更洗涤了心灵。人若沾染太多世俗与心灵的尘垢，必然无法行乐，好好洗澡，洗肉身也洗心，洗心干净了，自然就懂得简单行乐之况味。

附录

闲情偶寄（节选）／李渔

饮馔部

种植部

颐养部

饮馔部

蔬食第一

*

吾观人之一身，眼耳鼻舌，手足躯骸，件件都不可少。其尽可不设而必欲赋之，遂为万古生人之累者，独是口腹二物。口腹具而生计繁矣，生计繁而诈伪奸险之事出矣，诈伪奸险之事出，而五刑不得不设。君不能施其爱育，亲不能遂其恩私，造物好生，而亦不能不逆行其志者，皆当日赋形不善，多此二物之累也。草木无口腹，未尝不生；山石土壤无饮食，未闻不长养。何事独异其形，而赋以口腹？即生口腹，亦当使如鱼虾之饮水，蜩螗（蜩螗：即蝉）之吸露，尽可滋生气力，而为潜跃飞鸣。若是，则可与世无求，而生人之患熄矣。乃既生以口腹，又复多其嗜欲，使如溪壑之不可厌；多其嗜欲，又复洞其底里，使如江海之不可填。以致人之一生，竭五官百骸之力，供一物之所耗而不足哉！吾反覆推详，

不能不于造物是咎，亦知造物于此，未尝不自悔其非，但以制定难移，只得终遂其过。甚矣！作法慎初，不可草草定制。吾辑是编而谬及饮馔，亦是可已不已之事。其止崇俭啬，不导奢靡者，因不得已而为造物饰非，亦当虑始计终，而为庶物弭患。如逞一己之聪明，导千万人之嗜欲，则匪特禽兽昆虫无噍类，吾虑风气所开，日甚一日，焉知不有易牙（易牙：又称狄牙或雍巫。春秋时齐桓公宠臣，擅长调味烹饪，巧于逢迎上位，传说易牙曾烹其子为羹，献给齐桓公）复出，烹子求荣，杀婴儿以媚权奸，如亡隋故事者哉！一误岂堪再误，吾不敢不以赋形造物视作覆车。

声音之道，丝不如竹，竹不如肉，为其渐近自然。吾谓饮食之道，脍不如肉，肉不如蔬，亦以其渐近自然也。草衣木食（草衣木食：编草为衣，以木为食，形容生活过得清苦），上古之风，人能疏远肥腻，食蔬蕨而甘之，腹中菜园，不使羊来踏破（腹中菜园，下使羊来踏破：不使腹中蔬菜受肉之腥而遭践踏：羊，泛指肉食），是犹作羲皇（义皇：即伏羲氏）之民，鼓唐虞（唐虞：即唐尧、虞舜，皆为古时传中的五帝）之腹，与崇尚古玩同一致也。所怪于世者，弃美名不居，而故异端其说，谓佛法如是，是则谬矣。吾辑《饮馔》一卷，后肉食而首蔬菜，一以崇俭，一以复古，至重宰割而惜生命，又其念兹在兹而不忍或忘者矣。

笋

论蔬食之美者，曰清、曰洁、曰芳馥、日松脆而已矣。不知其至美所在，能居肉食之上者，只在一字之鲜。《记》曰："甘受和，白受采。"（甘受和，白受采：此出自《礼记·礼器篇》，意为甘美的东西因为纯朴而容易调味，洁白的东西则易于上色）鲜，即甘之所从出也。此种供奉，惟山僧野老躬治园圃者，得以有之；城市之人向卖菜佣求活者，不得与焉。然他种蔬食，不论城市山林，凡宅旁有圃者，旋摘旋烹亦能时有其乐。至于笋之一物，则断断宜在山林。城市所产者，任尔芳鲜、终是笋之剩义。此蔬食中第一品也。肥羊嫩豕，何足比肩？但将笋肉齐烹合盛一簋，人止食笋而遗肉，则肉为鱼而笋为熊掌可知矣。购于市者且然，况山中之旋掘者乎？食笋之法多端，不能悉纪，请以两言概之，曰："素宜白水，荤用肥猪。"茹斋者（茹斋者：吃斋饭素菜的人；茹：意指吃）食笋，若以他物伴之、香油和之，则陈味夺鲜，而笋之真趣没矣。白煮俟熟，略加酱油。从来至美之物皆利于孤行，此类是也。以之伴荤，则牛羊鸡鸭等物，皆非所宜，独宜于豕，又独宜于肥。肥非欲其腻也，肉之肥者能甘，甘味入笋，则不见其甘，但觉其鲜之至也。烹之既熟，肥肉尽当去之，即汁亦不宜多存，存其半而益以清汤。调和之物，唯醋与酒。此制荤笋之大凡也。笋之为物，不止孤行并用各见其美，凡食物中无论荤素皆当用作调和。菜中之笋与药中之甘草，同是必需之物，有此则诸味皆鲜，但不当用其渣滓，而用其精液。庖人之善治具者，凡有焯笋之汤悉留不去，每做一馔，必以和之，食者但知他物之鲜，

而不知有所以鲜之者在也。《本草》中所载诸食物，益人者，不尽可口；可口者，未必益人，求能两擅其长者，莫过于此。东坡云："宁可食无肉，不可居无竹。无肉令人瘦，无竹令人俗。"不知能医俗者，亦能医瘦，但有已成竹未成竹之分耳。

蕈

求至鲜至美之物于笋之外，其唯蕈（蕈：泛指伞菌类植物，如蘑菇）乎？蕈之为物也，无根无蒂，忽然而生，盖山川草木之气，结而成形者也。然有形而无体。凡物有体者必有渣滓，既无渣滓，是无体也。无体之物，犹未离乎气也。食此物者，犹吸山川草木之气，未有无益于人者也。其有毒而能杀人者，《本草》云以蛇虫行之故。予日不然。蕈大几何，蛇虫能行其上？况又极弱极脆而不能载乎！盖地之下有蛇虫，蕈生其上，适为毒气所锺，故能害人。毒气所锺者能害人，则为清虚之气所锺者、其能益人可知矣。世人辨之原有法，苟非有毒，食之最宜。此物素食固佳，伴以少许荤食尤佳。盖蕈之清香有限，而汁之鲜味无穷。

专

陆之蕈，水之莼（莼：莼菜，又称敞水葵，为一种水生植物，味道鲜美甘甜），皆清虚妙物也。予尝以二物做羹，和以蟹之黄，鱼之肋，名日，"四美羹"。座客食而甘之，曰："今而后，无下箸处矣！"

菜

世人制菜之法，可称百怪千奇，自新鲜以至于腌糟酱腊，无一不曲尽奇能，务求至美，独于起根发轫（起根发轫：轫，车闸；发轫，拿掉支柱车轮的木头使车前进。与“起根”意同，为事情刚开始）之事缺焉不讲，予甚惑之，其事维何？有八字诀云：“摘之务鲜，洗之务净。”务鲜之论，已悉前篇。蔬食之最净者，曰笋，曰蕈，曰豆芽；其最秽者，则莫如家种之菜。灌肥之际，必连根带叶而浇之：随浇随摘，随摘随食，其间清浊，多有不可问者。洗菜之人，不过浸入水中，左右数漉，其事毕矣。孰知污秽之湿者可去，干者难去，日积月累之粪，岂顷刻数漉之所能尽哉？故洗菜务得其法，并须务得其人，以懒人、性急之人洗菜，犹之乎弗洗也。洗菜之法，入水宜久，久则干者浸透而易去；洗叶用刷，刷则高低曲折处皆可到，始能涤尽无遗。若是，则菜之本质净矣，本质净而后可加作料，可尽人工，不然是先以污秽作调和，虽有百和之香，能敌一星之臭乎；噫！富室大家食指繁盛者，欲保其不食污秽，难矣哉！

菜类甚多，其杰出者则数黄芽。此菜萃于京师而产于安肃（安肃：今于河北徐水绵），谓之“安肃菜”，此第一品也。每株大者可数斤，食之可忘肉味。不得已而思其次，其惟白下之水芹乎！予自移居白门，每食菜、食葡萄，辄思都门；食笋、食鸡豆，辄思武陵（武陵：今于湖南常德市）。物之美者，犹令人每食不忘，况为适馆授餐之人乎？

菜有色相最奇，而为《本草》《食物志》诸书之所不载者，则西秦所产之头发菜是也。予为秦客，传食于塞上诸侯。一日脂车将发，见炕上有物，俨然乱发一卷，谬谓婢子栉发所遗、将欲委之而去。婢子曰，“不然，群公所饷之物也。”询之土人，知为头发菜。浸以滚水，拌以姜醋，其可口倍于藕丝、鹿角（鹿角：一种藻类植物，可食用或供制作糊料用）等菜。携归饷客（巧饷客：以食物款待客人）。无不奇之，谓珍错中所未见。此物产于河西，为值甚贱，凡适秦者皆争购异物，因其贱也而忽之，故此物不至通都，见者绝少。由是观之，四方贱物之中，其可贵者不知凡几，焉得人人物色之？发菜之得至江南，亦千载一时之至幸也。

瓜、茄、瓠、芋、山药

瓜、茄、瓠、芋（瓠芋：瓠，即瓠瓜，又叫“扁蒲”，俗称“葫芦”；芋，俗称“芋头”）诸物，菜之结而为实者也。实则不止当菜，兼作饭矣。增一簋菜可省数合粮者，诸物是也。一事两用，何俭如之；贫家购此，同于籴粟。但食之各有其法；煮冬瓜、丝瓜忌太生，煮王瓜、甜瓜忌太熟；煮茄、瓠利用酱醋而不宜于盐；煮芋不可无物伴之，盖芋之本身无味，借他物以成其味者也；山药则孤行并用，无所不宜，并油盐酱醋不设亦能自呈其美，乃蔬食中之通材也。

葱、蒜、韭

葱、蒜、韭三物，菜味之至重者也。菜能芬人齿颊者，

香椿头是也；菜能秽人齿颊及肠胃者，葱、蒜、韭是也。椿头明知其香而食者颇少，葱、蒜、韭尽识其臭而嗜之者众，其故何欤？以椿头之味虽香而淡，不若葱、蒜、韭之气甚而浓。浓则为时所争尚、甘受其秽而不辞；淡则为世所共遗，自荐其香而弗受。吾于饮食一道，悟善身处世之难。一生绝三物不食，亦未尝多食香椿，殆所谓“夷、惠之间”（夷、惠之间：伯夷与柳下惠，两人均为古代的清高之士）者乎？

予待三物有差。蒜则永禁弗食；葱虽弗食，然亦听作调和；韭则禁其终而不禁其始，芽之初发，非特不臭，且具清香，是其孩提之心之未变也。

萝卜

生萝卜切丝做小菜，伴以醋及他物，用之下粥最宜，但恨其食后打嗳（打嗳：打嗝之意，胃里的气体从口里排出，并发出声音），嗳必秽气。予尝受此厄于人，知人之厌我，亦若是也，故亦欲绝而弗食。然见此物大异葱蒜，生则臭，熟则不臭，是与初见似小人，而卒为君子者等也。虽有微过，亦当恕之，仍食勿禁。

芥辣汁

菜有具姜桂之性者乎？曰：有，辣芥（芥：芥菜类蔬菜，其茎有辛辣味，可以制作成芥辣粉和芥辣汁）是也。制辣汁之芥子，陈者绝佳，所谓愈老愈辣是也。以此拌物，无物不佳。

食之者如遇正人，如闻谠论（谠论：正直之言），困者为之起倦，闷者以之豁襟，食中之爽味也，予每食必备，窃比于夫子之不撤姜也。

谷食第二

*

食之养人，全赖五谷（五谷：为稻、黍、稷、麦、豆此五种谷物，后多泛指粮食）。使天止生五谷而不产他物，则人身之肥而寿也，较此必有过焉，保无疾病相煎，寿夭不齐之患矣。试观鸟之啄粟、鱼之饮水，皆止靠一物为生，未闻于一物之外，又有为之肴馔酒浆、诸饮杂食者也。乃禽鱼之死，皆死于人，未闻有疾病而死，及天年自尽而死者，是止食一物，乃长生久视之道也。人则不幸而为精腆（精腆：精美丰盛。腆，为丰厚美好之意）所误，多食一物，多受一物之损伤，少静一时，少安一时之淡泊。其疾病之生，死亡之速，皆饮食太繁，嗜欲过度之所致也。此非人之自误，天误之耳。天地生物之初，亦不料其如是，原欲利人口腹，孰意利之反以害之哉！然则人欲自爱其生者，即不能止食一物，亦当稍

存其意，而以一物为君。使酒肉虽多，不胜食气，即使为害，当亦不甚烈耳。

饭、粥

粥饭二物，为家常日用之需，其中机彀，无人不晓，焉用越俎者强为致词；然有吃紧二语，巧妇知之而不能言者，不妨代为喝破，使姑传之媳，母传之女，以两言代千百言，亦简便利人之事也。先就粗者言之。饭之大病，在内生外熟，非烂即焦；粥之大病，在上清下淀，如糊如膏。此火候不均之故，唯最拙最笨者有之，稍能炊爨者必无是事。然亦有刚柔合道，燥湿得宜，而令人咀之嚼之，有粥饭之美形，无饮食之至味者。其病何在？曰：挹水无度，增减不常之为害也。其吃喫紧二语，则曰："粥水忌增，饭水忌减。"米用几何，则水用几何，宜有一定之度数。如医人用药，水一钟或钟半，煎至七分或八分，皆有定数。若以意为增减，则非药味不出，即药性不存，而服之无效矣。不善执爨者，用水不均，煮粥常患其少，煮饭常苦其多。多则逼而去之，少则增而入之，不知米之精液，全在于水，逼去饭汤者，非去饭汤，去饭之精液也。精液去则饭为渣滓，食之尚有味乎？粥之既熟，水米成交，犹米之酿而为酒矣。虑其太厚而入之以水，非入水于粥，犹入水于酒也。水入而酒成糟粕，其味尚可咀乎？故善主中馈（中馈：馈《易经·家人》："无攸遂，在中馈。"指一般家庭中的饮食）者，挹水时，必限以数，使其勺不能增，滴无可减，再加以火候调匀，则其为粥为饭，不求异而异乎

人矣。

宴客者有时用饭，必较家常所食者稍精。精用何法？曰：使之有香而已矣。予尝授意小妇，预设花露（花露：以花瓣酿成的液汁）一盏，俟饭之初熟而浇之，浇过稍闭，拌匀而后入碗。食者归功于谷米，诧为异种而讯之，不知其为寻常五谷也。此法秘之已久，今始告人。行此法者，不必满釜浇遍，遍则费露甚多，而此法不行于世矣。止以一盏，浇一隅，足供佳客所需而止。露以蔷薇、香橼、桂花三种为上，勿用玫瑰，以玫瑰之香，食者易辨，知非谷性所有。蔷薇、香橼、桂花三种，与谷性之香者相若，使人难辨，故用之。

汤

汤即羹之别名也。羹之为名，雅而近古；不曰羹而曰汤者，虑人古雅其名，而即郑重其事，似专为宴客而设者。然不知羹之为物，与饭相俱者也。有饭即应有羹，无羹则饭不能下，设羹以下饭，乃图省俭之法，非尚奢靡之法也。古人饮酒，即有下酒之物；食饭，即有下饭之物。世俗改下饭为“厦饭”，谬矣。前人以读史为下酒物（以读史为下酒物：据明万历萧良有《龙文鞭影》载，更早有南宋龚明之《中吴纪闻》载，北宋诗人苏舜钦曾读《汉书》下酒，故有此一说），岂下酒之“下”亦从“厦”乎？“下饭”二字，人谓指肴馔而言，予曰不然。肴馔乃滞饭之具，非下饭之具也。食饭之人见美馔在前，匕箸迟疑而不下，非滞饭之具而何？饭犹舟出，羹犹水也；丹之在滩，非水不下，与饭之在喉，非汤不下，其势一也。且养生之法，食贵能消；饭得羹而即消，其理易见。故善养生者，吃饭不可不羹；善作家者，吃饭亦不可无羹。宴客而为省馔计者，不可无羹；即宴客而欲其果腹始去，一馔不留者，亦不可无羹。何也？羹能下饭，亦能下馔故也。近来吴越（吴越：春秋时，吴国与越国的并称，现指浙江、江苏一带）张筵，每馔必注以汤，大得此法。吾谓家常自膳，亦莫妙于此。宁可食无馔，不可饭无汤。有汤下饭，即小菜不设亦可使哺啜如流；无汤下饭，即美味盈前，亦有时食不下咽。予以一赤贫之士，而养半百口之家，有饥时而无馑日者，遵是道也。

糕饼

谷食之有糕饼，犹肉食之有脯脍。《鲁论》云：“食不厌精，脍不厌细。”制糕饼者于此二句，当兼而有之。食之精者，米麦是也；脍之细者，粉面是也。精细兼长，始可论及工拙。求工之法，坊刻所载甚详，予使拾而言之，以作制饼制糕之印板，则观者必大笑曰：“笠翁不拾唾余，今于饮食之中，现增一副依样葫芦矣！”冯妇下车（冯妇下车：典故出自《孟子·尽心上》，相传春秋时，晋国有一勇士冯妇，擅打虎，后从善。一次众人追捕虎，原以为已改善行的冯妇正巧经过，居然攘臂下车再次打虎。后引申为重操旧业），请戒其始。只用二语括之，曰：“糕贵乎松，饼利于薄。”

面

南人饭米，北人饭面．常也。《本草》云：“米能养脾，麦能补心。”各有所裨于人者也。然使竟日穷年止食一物，亦何其胶柱口腹，而不肯兼爱心脾乎？予南人而北相，性之刚直似之，食之强横亦似之。一日三餐，二米一面，是酌南北之中，而善处心脾之道也。但其食面之法，小异于北，而且大异于南。北人食面多作饼，予喜絲分而缕晰之，南人之所谓“切面”是也。南人食切面，其油盐酱醋等作料，皆下于面汤之中，汤有味而面无味，是人之所重者不在面而在汤，与未尝食面等也。

予则不然，以调和诸物尽归于面，面具五味而汤独清，如此方是食面，非饮汤也。所制面有二种，一曰“五香面”，一曰“八珍面”。五香膳已，八珍饷客，略分丰俭于其间。五香者何？酱也，醋也，椒末也，芝麻屑也，焯笋或煮蕈、煮虾之鲜汁也。先以椒末、芝麻屑二物拌入面中，后以酱醋及鲜汁三物和为一处，即充拌面之水，勿再用水。拌宜极匀，擀宜极薄，切宜极细，然后以滚水下之，则精粹之物尽在面中，尽够咀嚼，不似寻常吃面者，面则直吞下肚，而止咀咂其汤也。八珍者何？鸡、鱼、虾三物之肉，晒使极干，与鲜笋、香蕈、芝麻、花椒四物，共成极细之末，和入面中，与鲜汁共为八种。酱醋亦用，而不列数内者，以家常日用之物，不得名之以珍也。鸡鱼之肉，务取极精，稍带肥腻者弗用，以面性见油即散，擀不成片，切不成丝故也。但观制饼饵者，欲其松而不实，即拌以油，则面之为性可知已。鲜汁不用煮肉之汤，而用笋、

蕈、虾汁者，亦以忌油故耳。所用之肉，鸡、鱼、虾三者之中，唯虾最便，屑米为面，势如反掌，多存其末，以备不时之需；即膳已之五香，亦未尝不可六也。拌面之汁，加鸡蛋青一二盏更宜，此物不列于前而附于后，以世人知用者多，列之又同剿袭耳。

粉

粉之名目甚多、其常有而适于用者，则唯藕、葛（葛：一种豆类植物，可制成“葛粉”，供食用或药用。）、蕨（蕨：也叫“乌糯”，根状茎可制“蕨料”）、绿豆四种。藕、葛二物，不用下锅，调以滚水即能变生成熟。昔人云：“有仓卒客，无仓卒主人。”欲为仓卒主人，则请多储二物。且卒急救饥，亦莫善于此。驾舟车行远路者，此是糇粮（糇粮：熟食干粮）中首善之物。粉食之耐咀嚼者，蕨为上，绿豆次之。欲绿豆粉之耐嚼，当稍以蕨粉和之。凡物入口而不能即下，不即下而又使人咀之有味，嚼之无声者，斯为妙品。吾遍索饮食中，唯得此二物。绿豆粉为汤，蕨粉为下汤之饭，可称二耐。齿牙遇此，殆亦所谓劳而不怨者哉！

肉食第三

*

“肉食者鄙”（肉食者鄙，出自《左传·庄公三十年》：“肉食者鄙，未能远谋。”意指位居高位、享受富贵厚禄的人，经常眼光狭陋短浅，无法远虑）非鄙其食肉，鄙其不善谋也。食肉之人之不善谋者，以肥腻之精液结而为脂，蔽障胸臆，犹之茅塞其心，使之不复有窍也。此非予之臆说，夫有所验之矣。诸兽食草木杂物，皆狡獝而有智。虎独食人，不得人则食诸兽之肉，是匪肉不食者，虎也；虎者，兽之至愚者也。何以知之？考诸群书则信矣。“虎不食小儿”，非不食也，以其痴不惧虎，谬谓勇士而避之也：“虎不食醉人”，非不食也，因其醉势猖獗，目为劲敌而防之也；“虎不行曲路，人遇之者，引至曲路即得脱”，其不行曲路者，非若澹台灭明（澹台灭明：孔子弟子，虽相貌丑，但品行端正）之行不

由径，以颈直不能回顾也。使知曲路必脱，先于周行食之矣。《虎苑》云：“虎之能搏狗者，牙爪也。使失其牙爪，则反伏于狗矣。”迹是观之，其能降人降物而借之为粮者，则专恃威猛，威猛之外，一无他能，世所谓“有勇无谋”者，虎是也。予究其所以然之故，则以舍肉之外，不食他物，脂腻填胸，不能生智也。然则“肉食者鄙，未能远谋。”其说不既有征乎？吾今虽为肉食作俑，然望天下之人，多食不如少食。无虎之威猛而益其愚，与有虎之威猛而自昏其智，均非养生善后之道也。

猪

食以人传者，“东坡肉”是也。卒急听之，似非豕之肉，而为东坡之肉矣。嘻！东坡何罪，而割其肉以实千古馋人之腹哉？甚矣！名士不可为，而名士游戏之小术，尤不可不慎也。至数百载而下，糕、布等物，又以眉公（眉公：陈继儒，号眉公，明代著名文学家、书画家，著有《陈眉公全集》）得名。取“眉公糕”“眉公布”之名，以较“东坡肉”三字，似觉彼善于此矣。而其最不幸者，则有溷厕中之一物，俗人呼为“眉公马桶”。嘻！马桶何物，而可冠以雅人高士之名乎？予非不知肉味，而于豕之一物，不敢浪措一词者，虑为东坡之续也。即溷厕中之一物，予未尝不新其制，但蓄之家，而不敢取以示人，尤不敢笔之于书者，亦虑为眉公之续也。

羊

物之折耗最重者，羊肉是也。谚有之，曰：“羊几贯，账难算，生折对半熟对半，百斤止剩念（念：“廿”的大写字。廿，二十）余斤，缩到后来只一段。”大率羊肉百斤，宰而割之，止得五十斤，迨烹而熟之，又止得二十五斤，此一定不易之数也。但生羊易消，人则知之；熟羊易长，人则未之知也。羊肉之为物，最能饱人，初食不饱，食后渐觉其饱，此易长之验也。凡行远路，及出门做事，卒急不能得食者，啖此最宜。秦之西鄙，产羊极繁，土人日食止一餐，其能不枵腹（枵腹：空腹，比喻内中空虚无物）者，羊之力也。《本草》载羊肉比人参、黄芪。参、芪补气，羊肉补形。予谓补人者羊，害人者亦羊。凡食羊肉者，当留腹中余地，以俟其长。倘初食不节而果其腹，饭后必有胀而欲裂之形，伤脾坏腹皆由于此，葆生者不可不知。

牛、犬

猪、羊之后，当及牛、犬。以二物有功于世，方劝人戒之之不暇，尚忍为制酷刑乎？略此二物，遂及家禽，是亦以羊易牛之遗意也。

鸡

鸡亦有功之物，而不讳其死者，以功较牛、犬为稍杀。天之晓也，报亦明，不报亦明，不似畎亩、盗贼，非牛不耕，非犬之吠则不觉也。然较鹅、鸭二物，则淮阴羞伍绛、灌矣（淮阴羞伍绛、灌矣：淮阴，指淮阴侯韩信；绛，为绛侯周勃；

灌，则指灌婴。两人皆汉初名将，而韩信职与他们同列。见《史记·淮阴侯列传》）。烹饪之刑，似宜稍宽于鹅、鸭。鸡之有卵者弗食，重不至斤外者弗食，即不能寿之，亦不当过夭之耳。

鹅

䳘䳘之肉无他长，取其肥且甘而已矣。肥始能甘，不肥则同于嚼蜡。鹅以固始为最，讯其土人则曰："豢之之物，亦同于人。食人之食，斯其肉之肥腻亦同于人也。"犹之豕肉以金华为最，婺人豢豕，非饭即粥，故其为肉也甜而腻。然则固始之鹅，金华之豕，均非鹅豕之美，食美之也。食能美物奚俟人言：归而求之，有余师矣。但授家人以法，彼虽饲以美食，终觉饥饱不时，不似固始、金华之有节，故其为肉也，犹有一间之殊。盖终以禽兽畜之，未尝稍同于人耳。"继子得食，肥而不泽。"其斯之谓欤？

有告予食鹅之法者，曰：昔有一人，善制鹅掌。每豢肥鹅将杀，先熬沸油一盂，投以鹅足，鹅痛欲绝，则纵之池中，任其跳跃。已而复擒复纵，炮瀹如初。若是者数四，则其为掌也，丰美甘甜，厚可径寸，是食中异品也。予曰：惨哉斯言！予不愿听之矣。物不幸而为人所畜，食人之食，死人之事。偿之以死亦足矣，奈何未死之先，又加若是之惨刑乎？二掌虽美，入口即消。其受痛楚之时，则有百倍于此者。以生物多时之痛楚，易我片刻之甘甜，忍人不为，况稍具婆心者乎：

地狱之设，正为此人，其死后炮烙之刑（炮烙之刑：相传是殷纣王所用的一种酷刑。以炭烧热铜柱，令受刑者行其上，无法忍受堕入炭火中烧死），必有过于此者。

鸭

禽属之善养生者，雄鸭是也。何以知之，知之于人之好尚。诸禽尚雌，而鸭独尚雄；诸禽贵幼，而鸭独贵长。故养生家有言："烂蒸老雄鸭，功效比参、芪。"使物不善养生，则精气必为雌者所夺，诸禽尚雌者，以为精气之所聚也。使物不善养生，则情窍（情窍：情窦）一开，日长而日瘠矣，诸禽贵幼者，以其泄少而存多也。雄鸭能愈长愈肥，皮肉至老不变，且食之与参、芪比功，则雄鸭之善于养生，不待考核而知之矣。然必俟考核，则前此未之闻也。

野禽、野兽

野味之逊于家味者，以其不能尽肥；家味之逊于野味者，以其不能有香也。家味之肥，肥于不自觅食而安享其成；野味之香，香于草木为家而行止自若。是知丰衣美食，逸处安居，肥人之事也；流水高山，奇花异木，香人之物也。肥则必供刀俎，靡有孑遗（靡有孑遗：本谓没有任何人能逃脱旱灾的侵害。后指荡然无存，毫无遗留）；香亦为人朵颐（朵颐：朵，动。颐，下巴。鼓动腮颊，嚼食貌），然或有时而免。二者不欲其兼，舍肥从香而已矣。

野禽可以时食，野兽则偶一尝之。野禽如雉、雁、鸠、鸽、黄雀、鹌鹑之属，虽生于野，若畜于家，为可取之如寄也。野兽之可得者惟兔，獐、鹿、熊、虎诸兽，岁不数得，是野味之中又分难易。难得者何？以其久住深山，不入人境，槛阱（槛阱：槛，捕捉野兽的笼子、陷阱）之入，是人往觅兽，非兽来挑人也。禽则不然，知人欲弋（弋：箭上绑系着绳子的工具，此指捕捉禽鸟的各种设置）而往投之，以觅食也，食得而祸随之矣。是兽之死也，死于人；禽之毙也，毙于己。食野味者，当作如是观。惜禽而更当惜兽，以其取死之道为可原也。

鱼

鱼藏水底，各自为天，自谓与世无求，可保戈矛之不及矣。乌知网罟（网罟：细密的渔网）之奏功，较弓矢罝罘（罝罘：捕捉野兽的网。罝，捕鹿的网；罘，捕兔的网）为更捷。无事竭泽而渔，自有吞舟不漏之法。然鱼与禽兽之生死，同是一命，觉鱼之供人刀俎，似较他物为稍宜。何也？水族难竭而易繁。胎生卵生之物，少则一母数子，多亦数十子而止矣。鱼之为种也似粟，千斯仓而万斯箱，皆于一腹焉寄子。苟无沙汰之人，则此千斯仓而万斯箱者生生不已，又变而为恒河沙数。至恒河沙数（恒河沙数：佛经语，形容数量极多，如同恒河的沙子一样，不可胜数）之一变再变，以至千百变，竟无一物可以喻之，不几充塞江河而为陆地，舟楫之往来能无恙乎？故渔人之取鱼虾，与樵人之伐草木，皆取所当取，

伐所不得不伐者也。我辈食鱼虾之罪较食他物为稍轻。兹为约法数章，虽难比乎祥刑（祥刑：谓善用刑罚），亦稍差于酷吏。

食鱼者首重在鲜，次则及肥。肥而且鲜，鱼之能事毕矣。然二美虽兼，又有所重在一者。如鲟、如鯚、如鲫、如鲤，皆以鲜胜者也，鲜宜清煮作汤；如鳊、如白，如鲥、如鲢，皆以肥胜者也，肥宜厚烹作脍。烹煮之法，全在火候得宜。先期而食者，肉生，生则不松：过期而食者，肉死，死则无味。迟客之家，他馔或可先设以待，鱼则必须活养，候客至旋烹。鱼之至味在鲜，而鲜之至味，又只在初熟离釜之片刻，若先烹以待，是使鱼之至美，发泄于空虚无人之境；待客至而再经火气，犹冷饭之复炊，残酒之再热，有其形而无其质矣。煮鱼之水忌多，仅足伴鱼而止，水多一口，则鱼淡一分。司厨婢子，所利在汤，常有增而复增，以致鲜味减而又减者，志在厚客，不能不薄待庖人（庖人：指厨师）耳。更有制鱼良法能使鲜肥迸出，不失天真，迟速咸宜，不虞火候者则莫妙于蒸。置之镟内，入陈酒、酱油各数盏，覆以瓜、姜及蕈、笋诸鲜物，紧火蒸之极熟。此则随时早暮，供客咸宜，以鲜味尽在鱼中，并无一物能侵，亦无一气可泄，真上著也。

虾

笋为蔬食之必需，虾为荤食之必需，皆犹甘草之于药也。善治荤食者，以焯虾之汤和入诸品，则物物皆鲜，亦犹笋汤之利于群蔬。笋可孤行亦可并用；虾则不能自主，必借他物为君。若以煮熟之虾单盛一簋，非特华筵必无是事，亦且令食者索然。唯醉者糟者，可供匕箸。是虾也者，因人成事之物，然又必不可无之物也。“治国，若烹小鲜”，此小鲜之有裨于国者。

鳖

“新粟米炊鱼子饭，嫩芦笋煮鳖裙羹。”林居之人述此以鸣得意，其味之鲜美可知矣。予性于水族无一不嗜，独与鳖不相能，食多则觉口燥，殊不可解。一日，邻人网得巨鳖，召众食之，死者接踵，染指其汁者亦病数月始痊。予以不喜食此，得免于召，遂得免于死。岂性之所在，即命之所在耶？予一生侥幸之事难更仆数。乙未居武林（武林：杭州旧称，以武林山得名），邻家失火三面皆焚，而予居无恙。己卯之夏，遇大盗于虎爪山，贿以重资者得免，不则立毙。予囊无一钱，自分必死，延颈受诛而盗不杀。至于甲申、乙酉之变（甲申、乙酉之变：指明亡于清），予虽避兵山中，然亦有时入郭，其至幸者，才徙家而家焚，甫出城而城陷，其出生于死，皆在斯须倏忽之间。噫，予何修而得此于天哉！报施无地，有强为善而已矣。

蟹

予于饮食之美，无一物不能言之，且无一物不穷其想象、竭其幽渺而言之。独于蟹螯一物，心能嗜之，口能甘之，无论终身一日，皆不能忘之，至其可嗜可甘与不可忘之故，则绝口不能形容之。此一事一物也者，在我则为饮食中之痴情，在彼则为天地间之怪物矣。予嗜此一生，每岁于蟹之未出时，即储钱以待，因家人笑予以蟹为命，即自呼其钱为“买命钱”。自初出之日始，至告竣之日止，未尝虚负一夕，缺陷一时。同人知予癖蟹，召者饷者皆于此日，予因呼九月、十月为“蟹秋”。虑其易尽而难继，又命家人涤瓮酿酒，以备糟之醉之之用。糟名“蟹糟”，酒名“蟹酿”，瓮名“蟹瓮”。向有一婢勤于事蟹，即易其名为“蟹奴”，今亡之矣。蟹乎！蟹乎！汝于吾之一生，殆相终始者乎！所不能为汝生色者，未尝于有螃蟹无监州（监州：古代官名，指监察州县之官）处作郡，出俸钱以供大嚼，仅以悭囊（悭囊：原为藏钱的袋子，此比喻悭吝啬者的钱袋）易汝。即使日购百筐，除供客外，与五十口家人分食，然则入予腹者有几何哉：蟹乎！蟹乎！吾终有愧于汝矣。

蟹之为物至美，而其味坏于食之之人。以之为羹者，鲜则鲜矣，而蟹之美质何在？以之为脍者，腻则腻矣，而蟹之真味不存。更可厌者，断为两截，和以油、盐、豆粉而煎之，使蟹之色、蟹之香与蟹之真味全失。此皆似嫉蟹之多味，忌蟹之美观．而多方蹂躏，使之泄气而变形者也。世间好物，利在孤行。蟹之鲜而肥，甘而腻，白似玉而黄似金，已造色、香、味三者之至极，更无一物可以上之。和以他味者，犹之以爝火助日，掬水益河，冀其有裨也，不亦难乎？凡食蟹者，只合全其故体，蒸而熟之，贮以冰盘，列之几上，听客自取自食。剖一筐，食一筐；断一螯，食一螯，则气与味纤毫不漏。出于蟹之躯壳者，即入于人之口腹，饮食之三昧再有深入于此者哉？凡治他具，皆可人任其劳我享其逸，独蟹与瓜子、菱角三种必须自任其劳。旋剥旋食则有味，人剥而我食之，不特味同嚼蜡，且似不成其为蟹与瓜子、菱角，而别是一物者。此与好香必须自焚，好茶必须自斟，僮仆虽多不能任其力者，同出一理。讲饮食清供之道者，皆不可不知也。

宴上客者，势难全体，不得已而羹之，亦不当和以他物，唯以煮鸡鹅之汁为汤，去其油腻可也。

瓮中取醉蟹（醉蟹：用酒浸渍的蟹），最忌用灯，灯光一照，则满瓮俱沙，此人人知忌者也。有法处之，则可任照不忌。初醉之时，不论昼夜俱点油灯一盏，照之入瓮，则与灯光相习，不相忌而相能，任凭照取，永无变沙之患矣。

零星水族

予担簦（担簦：担，背；簦，伞。意味着背着伞以奔走、跋涉）二十年，履迹几遍天下。四海历其三，三江五湖，则俱未尝遗一，惟九河未能环绕，以其迂僻（迂僻：偏僻、荒芜之意）者多，不尽在舟车可抵之境也。历水既多，则水族之经食者，自必不少，因知天下万物之繁，未有繁于水族者，载籍所列诸鱼名，不过十之六七耳。

常有奇形异状，味亦不群，渔人竟日取之，土人终年食之，咨询其名，皆不知为何物者。无论其他，即吴门、京口（京口：古地名，今江苏镇江）诸地所产水族之中，有一种似鱼非鱼，状类河豚而极小者，俗名“斑子鱼”，味之甘美，几同奶酪，又柔滑无骨，真至味也，而《本草》《食物志》诸书，皆所不载。近地且然，况寥廓而迂僻者乎？海错之至美，人所艳羡而不得食者，为闽之“西施舌”“江瑶柱”二种。“西施舌”予既食之，独“江瑶柱”未获一尝，为入闽恨事。所谓“西施舌”者，状其形也，白而洁，光而滑，入口咂之，俨然美妇之舌，但少朱唇皓齿牵制其根，使之不留而即下耳。此所谓状其形也。若论鲜味，则海错中尽有过之者，未甚奇特。朵颐此味之人，但索美舌而咂之，即当屠门大嚼矣。其不甚著名而有异味者，则北海之鲜鳓，味并鲥鱼，其腹中有肋，甘美绝伦。世人以在鲟鳇腹中者为“西施乳”，若与此肋较短长，恐又有东家西家之别耳。

河豚为江南最尚之物，予亦食而甘之。但询其烹饪之法，则所需之作料甚繁，合而计之，不下十余种，且又不可缺一，缺一则腥而寡味。然则河豚无奇，乃假众美成奇者也。有如许调和之料施之他物，何一不可擅长，奚必假杀人之物以示异乎？食之可，不食亦可。若江南之鲚，则为春馔中妙物。食鲥鱼及鲟鳇有厌时，鲚则愈嚼愈甘，至果腹而犹不能释手者也。

不载果食茶酒说

果者酒之仇，茶者酒之敌。嗜酒之人，必不嗜茶与果，此定数也。凡有新客入座，平时未经共饮不知其酒量浅深者，但以果饼及糖食验之。取到即食，食而似有踊跃之情者，此即茗客非酒客也；取而不食，及食不数四而即有倦色者，此必巨量之客，以酒为生者也。以此法验嘉宾，百不失一。予系茗客而非酒人，性似猿猴，以果代食，天下皆知之矣。讯以酒味则茫然，与谈食果饮茶之事，则觉井井有条，滋滋多味。兹既备述饮馔之事，则当于二者加详，胡以缺而不备？曰：惧其略也。性既嗜此，则必大书特书，而且为罄竹之书，若以寥寥数纸终其崖略，则恐笔欲停而心未许，不觉其言之汗漫而难收也。且果可略而茶不可略，茗战之兵法，富于《三略》《六韬》，岂《孙子》十三篇所能尽其灵秘者哉？是用专辑一编，名为《茶果志》，孤行可，尾于是集之后亦可。至于曲蘖（曲蘖：蘖，音同“聂”。酒母，酿酒的酵母，用于酒的发酵。此代指酒）一事，予既自谓茫然，如复强为置吻则假口他人乎？抑强不知为知以欺天下乎？假口则仍犯剿袭之戒；将欲欺人，则茗客可欺，酒人不可欺也。倘执其所短而兴问罪之师，吾能以茗战战之乎？不若绝口不谈之为愈耳。

种植部

木本第一

*

草木之种类极杂，而别其大较有三，木本、藤本、草本是也。

木本坚而难痿，其岁较长者，根深故也。藤本之为根略浅，故弱而待扶，其岁犹以年纪。草本之根愈浅，故经霜辄坏，为寿止能及岁。是根也者，万物短长之数也，欲丰其得，先固其根，吾于老农老圃之事，而得养生处世之方焉。

人能虑后计长，事事求为木本，则见雨露不喜，而睹霜雪不惊；其为身也，挺然独立，至于斧斤之来，则天数也，岂灵椿古柏之所能避哉？如其植德（植德：立德之意）不力，而务为苟且，则是藤本其身，止可因人成事，人立而我立，人仆而我亦仆矣。至于木槿其生不为明日计者，彼且不知根为何物，遑计入土之浅深，藏荄之厚薄哉？是即草本之流亚也。

噫！世岂乏草本之行，而反木其天年，藤其后裔者哉？此造物偶然之失，非天地处人待物之常也。

牡丹

牡丹得王于群花，予初不服是论，谓其色其香，去芍药有几？择其绝胜者与角雌雄，正未知鹿死谁手。及睹《事物纪原》，谓武后冬月游后苑，花俱开而牡丹独迟，遂贬洛阳，因大悟，曰：“强项若此，得贬固宜，然不加九五之尊，奚洗八千之辱乎？”

物生有候，葭动以时，苟非其时，虽十尧不能冬生一穗；后系人主，可强鸡人使昼鸣乎？如其有识，当尽贬诸卉而独崇牡丹。花王之封，允宜（允宜：适合、得宜）肇于此日，惜其所见不逮，而且倒行逆施。诚哉！其为武后也。予自秦之巩昌，载牡丹十数本而归，同人嘲予以诗，有“群芳应怪人情热，千里趋迎富贵花”之句。予曰：“彼以守拙得贬，予载之归，是趋冷非趋热也。”兹得此论，更发明矣。

艺植（艺植：耕种、栽植的意思）之法，载于名人谱帙（谱帙：做为示范或提供查寻、检索之书）者，纤发无遗，予倘及之，又是拾人牙后矣。但有吃喫紧一着，花谱偶载而未之悉者，请畅言之。是花皆有正面，有反面，有侧面。正面宜向阳，此种花通义也。然他种犹能委曲，独牡丹不肯通融，处以南面即生，俾之他向则死，此其肮脏不回（肮脏不回：肮脏，高亢刚直的样子。不回，坚守正道，不屈服改变之意）之本性，人主不能屈之，谁能屈之？予尝执此语同人，有迂其说者。予曰："匪特士民之家，即以帝王之尊，欲植此花，亦不能不循此例。"同人诘予曰："有所本乎？"予曰："有本。吾家太白诗云：名花倾国两相欢，常得君王带笑看。解释春风无限恨，沉香亭北倚栏杆。倚栏杆者向北，则花非南面而何？"同人笑而是之，斯言得无定论？

梅

花之最先者梅，果之最先者樱桃。若以次序定尊卑，则梅当王于花，樱桃王于果，犹瓜之最先者曰王瓜，于义理未尝不合，奈何别置品题，使后来居上。首出者不得为圣人，则辟草昧致文明者，谁之力欤；虽然，以梅冠群芳，料舆情必协，但以樱桃冠群果，吾恐主持公道者，又不免为荔枝号屈矣。姑仍旧惯，以免抵牾（抵牾：牛角相抵触，引申为矛盾冲突）。

种梅之法，亦备群书，无庸置喙，但言领略之法而已。花时苦寒，即有妻梅之心，当筹寝处之法。否则衾枕不备，露宿为难，乘兴而来者，无不尽兴而返，即求为驴背浩然，不数得也。观梅之具有二：山游者，必带帐房，实三面而虚其前，制同汤网（汤网，《史记·殷本纪》：“汤出，见野张网四面，祝曰自天下四方，皆入吾网，汤曰，嘻，迟之矣！乃去其三面。”后汤网被广泛比喻以宽宏大量对待有罪之人），其中多设炉炭，既可致温，复备暖酒之用，此一法也。园居者，设纸屏数扇，覆以平顶，四面设窗，尽可开闭，随花所在，撑而就之。此屏不止观梅，是花皆然，可备终岁之用：立一小匾，名曰“就花居”。花间竖一旗帜，不论何花，概以总名曰“缩地花”，此一法也。若家居种植者，近在身畔，远亦不出眼前，是花能就人，无俟人为蜂蝶矣。

然而爱梅之人、缺陷有二：凡到梅开之时，人之好恶不齐，天之功过亦不等，风送香来，香来而寒亦至，令人开户不得，闭户不得，是可爱者风，而可憎者亦风也。雪助花妍，雪冻而花亦冻，令人去之不可，留之不可，是有功者雪、有过者亦雪也。其有功无过，可爱而不可憎者唯日，既可养花，又堪曝背（曝背：以背向日取暖），是诚天之循吏也。使止有日而无风雪，则无时无日不在花间，布帐纸屏皆可不设，岂非梅花之至幸，而生人之极乐也哉！然而为之天者，则甚难矣。

蜡梅者，梅之别种，殆亦共姓而通谱者欤；然而有此令德，亦乐与联宗。吾又谓别有一花，当为蜡梅之异姓兄弟，玫瑰是也。气味相孚（相孚：相符之意），皆造浓艳之极致，殆不留馀地待人者矣。人谓过犹不及，当务适中，然资性所在，一往而深，求为适中，不可得也。

桃

凡言草木之花，矢口即称桃李。是桃李二物，领袖群芳者也。其所以领袖群芳者，以色之大都不出红白二种，桃色为红之极纯，李色为白之至洁，“桃花能红李能白”一语足尽二物之能事。然今人所重之桃，非古人所爱之桃；今人所重者为口腹计，未尝究及观览。大率桃之为物，可目者未尝可口，不能执两端事人。凡欲桃实之佳者，必以他树接之，不知桃实之佳，佳于接，桃色之坏，亦坏于接。桃之未经接者，其色极娇，酷似美人之面，所谓“桃腮”（桃腮：形容女子粉红色的脸颊）、“桃靥”者，皆指天然未接之桃，非今时所谓碧桃、绛桃、金桃、银桃之类也。

即今诗人所咏，画图所绘者亦是此种。此种不得于名园，不得于胜地，唯乡村篱落之间，牧童樵叟所居之地，能富有之。欲看桃花者，必策蹇（策蹇：乘跛足驴。比喻工具不利、行动迟缓）郊行，听其所至，如武陵人之偶入桃源，始能复有其乐。如仅载酒园亭，携姬院落，为当春行乐计者，谓赏他卉则可，谓看桃花而能得其真趣，吾不信也。噫！色之极媚者莫过于桃，而寿之极短者亦莫过于桃，“红颜薄命”之说，单为此种。凡见妇人面与相似而色泽不分者，即当以花魂视之，谓别形体不久也。然勿明言，至生涕泣。

玉兰

世无玉树，请以此花当之。花之白者尽多，皆有叶色相乱，此则不叶而花与梅同致。千干万蕊，尽放一时，殊盛事也。但绝盛之事，有时变为恨事。众花之开，无不忌雨，而此花尤甚。一树好花，止须一宿微雨，尽皆变色，又觉腐烂可憎，较之无花，更为乏趣。群花开谢以时，谢者既谢，开者犹开，此则一败俱败，半瓣不留。

语云：“弄花一年，看花十日。”为玉兰主人者，常有延伫经年，不得一朝盼望者，讵非香国中绝大恨事？故值此花一开，便宜急急玩赏，玩得一日是一日，赏得一时是一时。若初开不玩而俟全开，全开不玩而俟盛开，则恐好事未行，而煞风景者至矣。噫！天何仇于玉兰，而往往三岁之中，定有一二岁与之为难哉。

山茶

花之最不耐开，一开辄尽者，桂与玉兰是也。花之最能持久，愈开愈盛者，山茶、石榴是也。然石榴之久，犹不及山茶；榴叶经霜即脱，山茶戴雪而荣。则是此花也者，具松柏之骨，挟桃李之姿，历春夏秋冬如一日，殆草木而神仙者乎？又况种类极多，由浅红以至深红，无一不备。其浅也，如粉如脂，如美人之腮，如酒客之面；其深也，如朱如火，如猩猩之血，如鹤顶之珠。可谓极浅、深、浓、淡之致，而无一毫遗憾者矣。

得此花一二本，可抵群花数十本。惜乎予园仅同芥子，诸卉种就，不能再纳须弥，仅取盆中小树，植于怪石之旁。噫！善善而不能用，恶恶而不能去，予其郭公（郭公：出自《公羊传》。郭公（郭国之君，名赤），曹国灭之，因其“善善不能用，恶恶不能去，足以亡之”。此处内文应将“郭公”指为傀儡）也夫！

绣球

天工之巧，至开绣球一花而止矣.，他种之巧，纯用天工，此则诈施人力，似肖尘世所为而为者。剪春罗、剪秋罗诸花亦然。天工于此，似非无意，盖日，“汝所能者，我亦能之；我所能者，汝实不能为也。”若是，则当再生一二蹴球（蹴球：一种近似今日足球的运动，兴盛于唐代）之人，立于树上，则天工之斗巧者全矣。其不屑为此者，岂以物为肖，而人不足肖乎？

栀子

栀子花，无甚奇特，予取其仿佛玉兰。玉兰忌雨，而此不忌。玉兰齐放齐凋，而此则开以次第。惜其树小而不能出檐，如能出檐，即以之权当玉兰而补三春恨事，谁曰不可？

杜鹃、樱桃

杜鹃、樱桃二种、花之可有可无者也。所重于樱桃者，在实不在花；所重于杜鹃者，在西蜀之异种，不在四方之恒种。如名花俱备，则二种开时，尽有快心而夺目者，欲览余芳亦愁少暇。

石榴

芥子园之地不及三亩，而屋居其一，石居其一，乃榴之大者，复有四五株。是点缀吾居，使不落寞者，榴也；盘踞吾地，使不得尽栽他卉者，亦榴也。榴之功罪、不几半乎？然赖主人善用，榴虽多，不为赘也。榴性喜压，就其根之宜石者，从而山之，是榴之根即山之麓也；榴性喜日，就其阴之可庇者从而屋之，是榴之地即屋之天也；榴之性又复喜高而直上，就其枝柯（枝柯：树之枝条）之可傍，而又借为天际真人者，从而楼之，是榴之花即吾倚栏守户之人也。此芥子园主人区处石榴之法，请以公之树木者。

桂

秋花之香者，莫能如桂。树乃月中之树，香亦天上之香也。但其缺陷处则在满树齐开，不留余地。予有《惜桂》，诗云："万斛黄金碾作灰，西风一阵总吹来。早知三日都狼借，何不留将次第开？"盛极必衰乃盈虚一定之理，凡有富贵荣华一蹴而至者，皆玉兰之为春光，丹桂之为秋色。

夹竹桃

夹竹桃一种，花则可取，而命名不善。以竹乃有道之士，桃则佳丽之人，道不同不相为谋，合而一之，殊觉矛盾。请易其名为，“生花竹”，去一桃字便觉相安。且松、竹、梅素称三友，松有花，梅有花，唯竹无花，可称缺典（缺典：指仪制，典礼有所欠缺。后来引申为遗憾之事）。得此补之，岂不天然凑合？亦女娲氏之五色石也。

茉莉

茉莉一花，单为助妆而设，其天生以媚妇人者乎？是花皆晓开，此独暮开。暮开者使人不得把玩，秘之以待晓妆也。是花蒂上皆无孔，此独有孔。有孔者，非此不能受簪，天生以为立脚之地也。若是，则妇人之妆，乃天造地设之事耳。植他树皆为男子，种此花独为妇人。既为妇人则当眷属视之矣。妻梅者，止一林逋；妻茉莉者，当遍天下而是也。

欲艺此花必求木本。藤本一样开花，但苦经年即死，视其死而莫之救，亦仁人君子所不乐为也。木本最难为冬，予尝历验收藏之法。此花瘘于寒者什一，毙于干者什九，人皆畏冻而滴水不浇，是以枯死。此见噎废食之法，有避呕逆而经时绝粒，其人尚存者乎？稍暖微浇，大寒即止，此不易之法。但收藏必于暖处，篾罩必不可无，浇不用水而用冷茶，如斯而已。予艺此花三十年皆为燥误，如今识此以告世人，亦其否极泰来之会也。

藤本第二

*

藤本之花，必须扶植。扶植之具，莫妙于从前成法之用竹屏，或方其眼，或斜其槅，因作葳蕤（葳蕤：形容枝叶紧密，草木茂盛的样子）柱石，遂成锦绣墙垣，使内外之人，隔花阻叶，碍紫间红，可望而不可亲，此善制也。

无奈，近日茶坊酒肆，无一不然，有花即以植花，无花则以代壁。此习始于维扬，今日渐及他处矣。市井若此，高人韵士之居断断不应若此。避市井者，非避市井，避其劳劳攘攘之情，锱铢必较之陋习也。见市井所有之物，如在市井之中，居处习见，能移性情，此其所以当避也。即如前人之取别号，每用川、泉、湖、宇等字，其初未尝不新，未尝不雅，后商贾者流，家效而户则之，以致市肆标榜之上，所书姓名非川即泉，非湖即宇，是以避俗之人，不得不去之若浼。迩来缙绅先生悉用斋、庵二字，极宜，但恐用者过多，则而效之者，又入从前标榜，是今日之斋、庵、未必不是前日之川、泉、湖、宇。虽曰名以人重，人不以名重，然亦实之宾也。已噪寰中者仍之继起，诸公似应稍变。

人问：植花既不用屏，岂遂听其滋蔓于地乎？曰：不然。屏仍其故，制略新之。虽不能保后日之市廛（市廛：店铺集中之地），不又变为今日之园圃，然新得一日是一日，异得一时是一时，但愿贸易之人，并性情风俗而变之。变亦不求尽变，市井之念不可无，垄断之心不可有。觅应得之利，谋有道之生，即是人间大隐。若是，则高人韵士，皆乐得与之游矣，复何劳扰锱铢之足避哉？，花屏之制有三，列于《藤本》之末。

玫瑰

花之有利于人，而无一不为我用者，芰荷（芰荷：指菱叶与荷叶）是也；花之有利于人，而我无一不为所奉者，玫瑰是也。芰荷利人之说见于本传。玫瑰之利同于芰荷，而令人可亲可溺，不忍暂离，则又过之。群花止能娱目，此则口、眼、鼻、舌以至肌体毛发，无一不在所奉之中。可囊可食，可嗅可观，可插可戴，是能忠臣其身，而又能媚子其术者也。花之能事，毕于此矣。

草本第三

＊

草本之花，经霜必死；其能死而不死，交春复发者，根在故也。常闻有花不待时，先期使开之法，或用沸水浇根，或以硫黄代土，开则开矣，花一败而树随之，根亡故也。然则人之荣枯显晦，成败利钝，皆不足据，但询其根之无恙否耳。根在，则虽处厄运，犹如霜后之花，其复发也，可坐而待也。如其根之或亡，则虽处荣朊显耀之境，犹之奇葩（奇葩：珍奇的花）烂目，总非自开之花，其复发也，恐不能坐而待矣。

予谈草木，辄以人喻。岂好为是哓哓者哉？世间万物，皆为人设。观感一理，备人观者，即备人感。天之生此，岂仅供耳目之玩、情性之适而已哉？

芍药

芍药与牡丹媲美，前人署牡丹以“花王”，署芍药以“花相”，冤哉；予以公道论之。天无二日，民无二王；牡丹正位于香国，芍药自难并驱。虽别尊卑，亦当在五等诸侯之列，岂王之下，相之上，遂无一位一座，可备酬功之用者哉；历翻种植之书，非云：“花似牡丹而狭”，则曰：“子似牡丹而小”。由是观之，前人评品之法，或由皮相而得之。噫！令之贵贱美恶，可以长短肥瘦论乎？

每于花时奠酒，（奠酒：一种祭祀时的仪式，把酒洒在地上以祭神）必作温言慰之曰；“汝非相材也，前人无识，谬署此名，花神有灵，付之勿较，呼牛呼马，听之而已。”予于秦之巩昌，携牡丹、芍药各数十本而归，牡丹活者颇少，幸此花无恙，不虚负戴之劳。岂人为知己死者，花反为知己生乎？

兰

“兰生幽谷，无人自芳。”是已。然使幽谷无人，兰之芳也，谁得而知之？谁得而传之：其为兰也，亦与萧艾同腐而已矣。“如入芝兰（芝兰：为芷和兰两种香草的合称）之室，久而不闻其香。”是已。然既不闻其香，与无兰之室何异？虽有若无，非兰之所以自处，亦非人之所以处兰也。吾谓芝兰之性，毕竟喜人相俱，毕竟以人闻香气为乐。文人之言，只顾赞扬其美，而不顾其性之所安，强半皆若是也。然相俱贵乎有情，有情务在得法；有情而得法，则坐芝兰之室，久而愈闻其香。兰生幽谷与处曲房，其幸不幸相去远矣。兰之初着花时，自应易其座位，外者内之，远者近之，卑者尊之；非前倨而后恭，人之重兰非重兰也，重其花也，叶则花之舆从而已矣。

居处一室，则当美其供设，书、画、炉、瓶，种种器玩，皆宜森列（森列：众多而纷然地罗列）其旁。但勿焚香，香薰即谢，匪妒也。此花性类神仙，怕亲烟火，非忌香也，忌烟火耳。若是，则位置提防之道得矣。然皆情也，非法也，法则专为闻香。“如入芝兰之室，久而不闻其香”者，以其知入而不知出也，出而再入，则后来之香，倍乎前矣。故有兰之室，不应久坐，另设无兰者一间，以作退步，时退时进，进多退少，则刻刻有香。虽坐无兰之室，若依倩女之魂。是法也，而情在其中矣。如止有此室，则以门外作退步，或往行他事，事毕而入，以无意得之者，其香更甚。此予消受兰香之诀，秘之终身而泄于一旦，殊可惜也。

此法不止消受兰香，凡属有花房舍皆应若是。即焚香之室亦然，久坐其间，与未尝焚香者等也。门上布帘必不可少，护持香气全赖乎此。若只靠门扇开闭，则门开尽泄，无复一线之留矣。

水仙

水仙一花，予之命也。予有四命，各司一时：春以水仙、兰花为命，夏以莲为命，秋以秋海棠为命，冬以蜡梅为命。无此四花，是无命也；一季缺予一花，是夺予一季之命也。

水仙以秣陵为最，予之家于秣陵，非家秣陵，家于水仙之乡也。记丙午之春，先以度岁无资，衣囊质尽，迨水仙开时则为强弩之末（强弩之末：强弓所发射的箭，到了尽头已没什么穿透力了。比喻强大的势力已经衰竭，无法再发挥效用），索一钱不得矣。欲购无资，家人曰："请已之。一年不看此花，亦非怪事。"予曰："汝欲夺吾命乎？宁短一岁之寿，勿减一岁之花。且予自他乡冒雪而归，就水仙也，不看水仙，是何异于不返金陵，仍在他乡卒岁乎？"家人不能止，听予质簪珥（簪珥：指发簪和耳饰，是古代仅有高贵的妇女能配戴的首饰）购之。予之钟爱此花，非痂癖也。其色其香，其茎其叶，无一不异群葩，而予更取其善媚。妇人中之面似桃，腰似柳，丰如牡丹、芍药，而瘦比秋菊、海棠者，在在有之。若如水仙之淡而多姿，不动不摇而能作态者，吾实未之见也。以"水仙"二字呼之，可谓摹写殆尽。使吾得见命名者，必颓然下拜。

不特金陵水仙为天下第一，其植此花而售于人者，亦能司造物之权；欲其早则早，命之迟则迟，购者欲于某日开，则某日必开，未尝先后一日。及此花将谢，又以迟者继之，盖以下种之先后，为先后也。至买就之时，给盆与石而使之种，又能随手布置即成画图，皆风雅文人所不及也。岂此等末技，亦由天授，非人力耶？

菊花者，秋季之牡丹、芍药也。种类之繁衍同，花色之全备同，而性能持久复过之。从来种植之书，是花皆略，而叙牡丹、芍药与菊者独详。人皆谓三种奇葩可以齐观等视，而予独判为雨截，谓有天工、人力之分。何也？牡丹、芍药之美，全仗天工非由人力。植此二花者，不过冬溉以肥，夏浇为湿，如是焉止矣。其开也，烂漫芬芳，未尝以人力不勤，略减其姿而稍俭其色。

菊花之美，则全仗人力，微假天工。艺菊之家，当其未入土也，则有治地酿土之劳；既入土也，则有插标记种之事。是萌芽未发之先，已费人力几许矣。迨分秧植定之后，劳瘁万端，复从此始：防燥也，虑湿也，摘头也，掐叶也，芟蕊也，接枝也，捕虫掘蚓以防害也。此皆花事未成之日，竭尽人力以俟天工者也。即花之既开，亦有防雨避霜之患，缚枝系蕊之勤，置盏引水之烦，染色变容之苦，又皆以人力之有余，补天工之不足者也。为此一花，自春徂秋，自朝迄暮，总无一刻之暇。必如是，其为花也，始能丰丽而美观，否则同于婆娑野菊，仅堪点缀疏篱而已。若是，则菊花之美，非天美之，人美之也。人美之而归功于天，使与不费辛勤之牡丹、芍药齐观等视，不几恩怨不分，而公私少辨乎？吾知敛翠凝红而为沙中偶语者，必花神也。

自有菊以来，高人、逸士无不尽吻揄扬，而予独反其说者，非与渊明作敌国。艺菊之人，终岁勤动，而不以胜天之力予之，是但知花好，而昧所从来。饮水忘源，并置汲者于不问，其心安乎？是前题咏诸公皆若是也。予创是说，为秋花报本，乃深于爱菊，非薄之也。

予尝观老圃之种菊，而慨然于修士之立身与儒者之治业。使能以种菊之无逸者砺其身心，则焉往而不为圣贤？使能以种菊之有恒者攻吾举业，则何虑其不掇青紫（青紫：本指绑在官印上的青绶、紫绶，后指高官显爵，或原为古代高官服饰的颜色，后引申为官服）？乃士人爱身爱名之心，终不能如老圃之爱菊，奈何！

众卉第四

*

草木之类，各有所长，有以花胜者，有以叶胜者。花胜，则叶无足取，且若赘疣，如葵花、蕙草之属是也；叶胜，则可以无花，非无花也，叶即花也，天以花之丰神色泽归并于叶而生之者也。不然，绿者叶之本色，如其叶之，则亦绿之而已矣，胡以为红，为紫，为黄，为碧，如老少年、美人蕉、天竹、翠云草诸种，备五色之陆离，以娱观者之目乎？即其青之绿之，亦不同于有花之叶，另具一种芳姿。是知树木之美，不定在花；犹之丈夫之美者，不专主于有才，而妇人之丑者，亦不尽在无色也。观群花令人修容，观诸卉则所饰者不仅在貌。

竹木第五

*

竹木者何？树之不花者也。非尽不花，其见用于世者，在此不在彼，虽花而犹之弗花也。花者，媚人之物，媚人者损己，故善花之树多不永年，不若椅桐梓漆之朴而能久。然则树即树耳，焉如花为？善花者曰："彼能无求于世则可耳，我则不然。雨露所同也，灌溉所独也；土壤所同也，肥泽所独也。子不见尧之水、汤之旱乎？如其雨露或竭，而土不能滋，则奈何？盍舍汝所行而就我？"不花者曰："是则不能，甘为竹木而已矣。"

竹

俗云："早间种树，晚上乘凉。"喻词也。予于树木中求一物以实之，其唯竹乎！种树欲其成荫，非十年不可，最易活者莫如杨柳，求其荫可蔽日，亦须数年。唯竹不然，移入庭中，即成高树，能令俗人之舍，不转盼而成高士之庐。神哉此君，真医国手也！

种竹之方，旧传有诀，云："种竹无时，雨过便移，多留宿土，记取南枝。"予悉试之，乃不可尽信之书也。三者之内，唯一可遵，"多留宿土"是也。移树最忌伤根，土多则根之盘曲如故，是移地而未尝移土，犹迁人者并其卧榻而迁之，其人醒后尚不自知其迁也。若俟雨过方移，则沾泥带水，有几许未便。泥湿则松，水沾则濡，我欲留土，其如土湿而苏，随锄随散之，不可留何？且雨过必晴，新移之竹，晒则叶卷，一卷即非活兆矣。予易其词曰："未雨先移。"天甫阴而雨犹未下，乘此急移，则宿土未湿，又复带潮，有如胶似漆之势，我欲多留，而土能随我，先据一筹之胜矣。且栽移甫定而雨至，是雨为我下，坐而受之，枝叶根本，无一不沾滋润之利。最忌者日，而日不至；最喜者雨，而雨即来。无所忌而投以喜，未有不欣欣向荣者。此法不止种竹，是花是木皆然。

至于"记取南枝"一语、尤难遵奉。移竹移花，不易其向，向南者仍使向南，自是草木之幸。然移草木就人，当随人便，不能尽随草木之便。无论是花是竹，皆有正面、有反面，正面向人，反面向空隙，理也。使记南枝而与人相左，犹娶新妇进门，而听其终年背立，有是理乎？故此语只当不说，切勿泥之。总之，移花种竹只有四字当记："宜阴忌日。"是也。琐琐繁言，徒滋疑扰。

颐养部

行乐第一

*

伤哉！造物生人一场，为时不满百岁。彼夭折之辈无论矣，姑就永年者道之，即使三万六千日尽是追欢取乐时，亦非无限光阴，终有报罢之日。况此百年以内，有无数忧愁困苦、疾病颠连、名缰利锁、惊风骇浪，阻人燕游；使徒有百岁之虚名，并无一岁二岁享生人应有之福之实际乎！又况此百年以内，日日死亡相告，谓先我而生者死矣，后我而生者亦死矣，与我同庚比算、互称弟兄者又死矣。

噫！死是何物，而可知凶不讳，日令不能无死者惊见于目而怛闻于耳乎？是千古不仁，未有甚于造物者矣。虽然，殆有说焉。不仁者，仁之至也。知我不能无死而日以死亡相告，是恐我也。恐我者，欲使及时为乐，当视此辈为前车也。

康对山（康对山：康海，字德涵，号对山。明代西安府武功县人）构一园亭，其地在北邙山（北邙山：地名，今河南洛阳。然因汉魏以来，王侯公卿的墓地多位于此处，故后泛指墓地）麓，所见无非丘陇。客讯之曰："日对此景，令人何以为乐？"对山曰："日对此景，乃令人不敢不乐。"达哉斯言！予尝以铭座右。兹论养生之法，而以行乐先之；劝人行乐，而以死亡怵之，即祖是意。欲体天地至仁之心，不能不蹈造物不仁之迹。

养生家授受之方，外借药石，内凭导引，其借口颐生（颐生：养生之意）而流为放辟邪侈者，则曰"比家"。三者无论邪正，皆术士之言也。予系儒生，并非术士。术士所言者术，儒家所凭者理。《鲁论·乡党》一篇，半属养生之法。予虽不敏，窃附于圣人之徒，不敢为诞妄不经之言以误世。有怪此卷以颐养命名而觅一丹方不得者，予以空疏谢之。又有怪予著《饮馔》一篇而未及烹饪之法，不知酱用几何，醋用几何，醝椒、香辣用几何者。予曰："果若是，是一庖人而已矣，乌足重哉！"人曰："若是，则《食物志》《尊生笺》《卫生录》等书，尝何以备列此等？"予曰："是诚庖人之书也。士各明志，人有弗为。"

贵人行乐之法

*

人间至乐之境，唯帝王得以有之；下此则公卿将相，以及群辅百僚，皆可以行乐之人也。然有万几在念，百务萦心，一日之内，除视朝听政、放衙理事、治人事神、反躬修己之外，其为行乐之时有几？曰：不然。乐不在外而在心。心以为乐，则是境皆乐；心以为苦，则无境不苦。身为帝王，则当以帝王之境为乐境；身为公卿，则当以公卿之境为乐境。凡我分所当行，推诿不去者，即当摈弃一切，悉视为苦，而专以此事为乐。谓我为帝王，日有万几之冗，其心则诚劳矣，然世之艳慕帝王者，求为片刻而不能，我之至劳，人之所谓至逸也。为公卿将相、群辅百僚者，居心亦复如是，则不必于视朝听政、放衙理事、治人事神、反躬修己之外，别寻乐境，即此得为之地，便是行乐之场。一举笔而安天下，一矢口而遂群生，以天下群生之乐为乐，何快如之？若于此外稍得清闲，再享一切应有之福，则人皇可比玉皇，俗吏竟成仙吏，何蓬莱三岛之足羡哉！此术非他，盖用吾家老子“退一步”法。以不如己者视己，则日见可乐；以胜于己者视己，则时觉可忧。

从来人君之善行乐者，莫过于汉之文、景；其不善行乐者，莫过于武帝。以文、景于帝王应行之外，不多一事，故觉其逸；武帝则好大喜功，且薄帝王而慕神仙，是以徒见其劳。人臣之善行乐者，莫过于唐之郭子仪，而不善行乐者，则莫如李广。子仪既拜汾阳王，志愿已足，不复他求，故能极欲穷奢，备享人臣之福：李广则耻不如人，必欲封侯而后已，是以独当单于，卒致失道后期而自刭。故善行乐者，必先知足。二疏（二疏：指汉宣帝时名臣疏广与兄疏受，均以年老乞致仕，时人贤之。归日，送者车敷百辆，设阻道供张东都门外，每日以与宾客行乐为事）云：“知足不辱，知止不殆。”不辱不殆，至乐在其中矣。

富人行乐之法

*

劝贵人行乐易，劝富人行乐难，何也？财为行乐之资，然势不宜多，多则反为累人之具。华封人祝帝尧富寿多男，尧曰：“富则多事。”华封人曰“富而使人分之，何事之有？”由是观之，财多不分，即以唐尧之圣、帝王之尊，犹不能免多事之累，况德非圣人而位非帝王者乎？陶朱公屡致千金、屡散千金，其致而必散，散而复致者，亦学帝尧之防多事也。兹欲劝富人行乐，必先劝之分财；劝富人分财，其势同于拔山超海，此必不得之数也。财多则思运，不运则生息不繁。然不运则已，一运则经营惨淡，坐起不宁，其累有不可胜言者。财多必善防，不防则为盗贼所有，而且以身殉之。然不防则已，一防则惊魂四绕，风鹤皆兵，其恐惧觳觫之状，有不堪目睹者。且财多必招忌，语云：“温饱之家，众怨所归。”

以一身而为众射之的，方且忧伤虑死之不暇，尚可与言行乐乎哉？甚矣！财不可多，多之为累一至此也。

然则富人行乐，其终不可冀乎？曰：不然。多分则难，少敛则易。处比户可封之世，难于售恩；当民穷财尽之秋，易于见德。少课锱铢之利，穷民即起颂扬；略蠲升斗之租，贫佃即生歌舞。本偿而子息未偿，因其贫也而贳之，一券才焚，即噪冯谖之令誉；赋足而国用不足，因其匮也而助之，急公偶试，即来卜式（卜式：以畜牧致大富，在汉武帝与匈奴开战而国用不足时，多次私人捐款，乃被任为中郎，后升至御史大夫）之美名。果如是，则大异于今日之富民，而又无损于本来之故我。觊觎者息而仇怨者稀，是则可言行乐矣。其为乐也，亦同贵人，可不必于持筹握算之外别寻乐境，即此宽租减息、仗义急公之日，听贫民之欢欣赞颂，即当两部鼓吹；受官司之奖励称扬，便是百年华衮（华衮：百代贵族的华美礼服，以示极高的荣宠）。荣莫荣于此，乐亦莫乐于此矣。

至于悦色娱声、眠花借柳、构堂建厦、啸月嘲风诸乐事，他人欲得，所患无资，业有其资，何求弗遂？是同一富也，昔为最难行乐之人，今为最易行乐之人。即使帝尧不死，陶朱（陶朱：春秋时，越国大大范蠡的别称，帮越王勾践灭吴后，因越王无法与其共安乐而弃官远去，居于陶，称朱公，以经商致巨富）现在，彼丈夫也，我丈夫也，吾何畏彼哉？去其一念之刻而已矣。

贫贱行乐之法

*

穷人行乐之方，无他秘巧，亦止有“退一步”法。我以为贫，更有贫于我者；我以为贱，更有贱于我者；我以妻子为累，尚有鳏寡孤独（鳏寡孤独：老而无妻曰鳏，老而无夫曰寡，老而无子曰孤，幼而无父曰独）之民，求为妻子之累而不能者；我以胼胝为劳，尚有身系狱廷，荒芜田地，求安耕凿之生而不可得者。以此居心，则苦海尽成乐地。如或向前一算，以胜己者相衡则片刻难安，种种桎梏幽囚之境出矣。

一显者旅宿邮亭，时方溽暑，帐内多蚊，驱之不出，因忆家居时堂宽似宇，簟冷如冰，又有群姬握扇而挥，不复知其为夏，何遽困厄至此！因怀至乐，愈觉心烦，遂致终夕不寐。

一亭长露宿阶下，为众蚊所啮，几至露筋，不得已而奔走庭中，俾四体动而弗停，则啮人者无由厕足；乃形则往来仆仆，口则赞叹嚣嚣，一似苦中有乐者。显者不解，呼而讯之，谓："汝之受困，什佰于我，我以为苦，而汝以为乐，其故维何？"亭长曰："偶忆某年、为仇家所陷，身系狱中。维时亦当暑月，狱卒防予私逸，每夜拘挛手足，使不得动摇，时蚊蚋（蚊蚋：蚊子）之繁，倍于今夕，听其自啮，欲稍稍规避而不能，以视今夕之奔走不息，四体得以自如者，奚啻仙凡人鬼之别乎！以昔较今，是以但见其乐，不知其苦。"显者听之，不觉爽然自失。此即穷人行乐之秘诀也。

不独居心为然，即铸体炼形亦当如是。譬如夏日苦炎，明知为室庐卑小所致，偏向骄阳之下来往片时，然后步入室中，则觉暑气渐消，不似从前酷烈。若畏其湫隘而投宽处纳凉，及至归来，炎蒸又加十倍矣。冬月苦冷，明知为墙垣单薄所致，故向风雪之中行走一次，然后归庐返舍，则觉寒威顿减，不复凛冽如初；若避此荒凉而向深居就燠，及其再入，战栗又作何状矣。由此类推、则所谓退步者，无地不有，无人不有。想至退步，乐境自生。予为两间第一困人，其能免死于忧，不枯槁于迍邅（迍邅：指因外境不利而有所困顿）蹭蹬（蹭蹬：失意之意）者，皆用此法。又得管城一物，相伴终身，以扫千军则不足，以除万虑则有余。然非善作退步，即楮墨亦能困人。想虞卿（虞卿：战国时赵园人，主张连横抗秦，后困于梁在愁苦中著书）

著书，亦用此法，我能公世，彼特秘而未传耳。

由亭长之说推之，则凡行乐者，不必远引他人为退步，即此一身，谁无过来之逆境？大则灾凶祸患，小则疾病忧伤。“执柯伐柯，其则不远。”取而较之，更为亲切。凡人一生，奇祸大难，非特不可遗忘，还宜大书特书，高悬座右。其裨益于身者有三；孽由己作，则可知非痛改，视作前车；祸自天来，则可止怨释尤，以弭后患；至于忆苦追烦，引出无穷乐境，则又警心惕目之余事矣。

如曰省躬罪己，原属隐情，难使他人共睹，若是则有包含韫借之法；或止书罹患之年月，而不及其事；或别书隐射之数语，而不露其详；或撰作一联一诗，悬挂起居亲密之处，微寓己意，不使人知，亦淑慎（淑慎：贤良谨慎之意）其身之妙法也。此皆湖上笠翁瞒人独做之事，笔机所到，欲讳不能，俗语所谓“不打自招”者，非乎？

春季行乐之法

*

人有喜怒哀乐，天有春夏秋冬。春之为令，即天地交欢之候，阴阳肆乐之时也。人心至此，不求畅而自畅，犹父母相亲相爱则儿女嬉笑自如，睹满堂之欢欣，即欲向隅而泣，泣不出也。

然当春行乐，每易过情，必留一线之余春，以度将来之酷夏。盖一岁难过之关，唯有三伏，精神之耗，疾病之生，死亡之至，皆由于此。故俗话云："过得七月半，便是铁罗汉"，非虚语也。思患预防，当在三春行乐之时，不得纵欲过度而先埋伏病根。花可熟观，鸟可倾听，山川云物之胜可以纵游，而独于房欲之事略存余地。盖人当此际，满体皆春。春者，泄尽无遗之谓也。草木之春，泄尽无遗而不坏者，以三时皆蓄，而止候泄于一春，过此一春，又皆蓄精养神之候矣。人之一身，能保一时尽泄，而三时皆不泄乎；尽泄于春，而又不能不泄于夏，虽草木不能不枯，况人身之浮脆（浮脆：空虚、脆弱）者乎？欲留枕席之余欢，当使游观之尽致。何也？分心花鸟，便觉体有余闲，并力闺帏，易致身无宁刻。然予所言，皆防已甚之词也。若使杜情而绝欲，是天地皆春而我独秋，焉用此不情之物，而作人中灾异乎？

夏季行乐之法

*

酷夏之可畏，前幅虽露其端，然未尽暑毒之什一也。使天只有三时而无夏，则人之死也必稀，巫医僧道之流皆苦饥寒而莫救矣。止因多此一时，遂觉人身叵测，常有朝人而夕鬼者。《戴记》云：“是月也，阴阳争，死生分。”危哉斯言！令人不寒而栗矣。凡人身处此候，旨当时时防病，日日忧死。防病忧死，则当刻刻偷闲以行乐。从来行乐之事，人皆选暇于三春，予独息机（息机：浇熄机心、适当休息之意）于九夏。

以三春神旺，即使不乐，无损于身；九夏则神耗气索，力难支体，如其不乐，则劳神役形，如火益热，是与性命为仇矣。《月令》以仲冬为闭藏。予谓天地之气，闭藏于冬；

人身之气，当令闭藏于夏。试观隆冬之月，人之精神愈寒愈健，较之暑气铄人，有不可同年而语者。凡人苟非民社系身、饥寒迫体、稍堪自逸者，则当以三时行事，一夏养生。过此危关，然后出而应酬世故，未为晚也。

追忆明朝失政以后，大清革命之先，予绝意浮名，不干寸禄，山居避乱，反以无事为荣。夏不谒客，亦无客至，匪止头巾不设，并衫履而废之。或裸处乱荷之中，妻孥觅之不得；或偃卧长松之下，猿鹤过而不知。洗砚石于飞泉，试茗奴以积雪；欲食瓜而瓜生户外，思啖果而果落树头，可谓极人世之奇闻，擅有生之至乐者矣。后此，则徙居城市，酬应日纷，虽无利欲薰人，亦觉浮名致累。

计我一生，得享列仙之福者仅有三年。今欲续之，求为闰余（闰余：指闰月）而不可得矣。伤哉，人非铁石，奚堪磨杵做针？寿岂泥沙，不禁委尘入土。予以劝人行乐，而深悔自役其形。噫！天何惜于一闲，以补富贵荣朊之不足哉？

秋季行乐之法

*

过夏徂秋，此身无恙，是当与妻孥庆贺重生，交相为寿者矣。又值炎蒸初退，秋爽媚人，四体得以自如，衣衫不为桎梏，此时不乐，将待何时？况有阻人行乐之二物，非久即至。二物维何？霜也，雪也。霜雪一至则诸物变形，非特无花，亦且少叶；亦时有月，难保无风。

若谓，“春宵一刻值千金”，则秋价之昂宜增十倍。有山水之胜者，乘此时蜡屐（蜡屐：以蜡涂屐，典故出自《世说新语》，后来引申为悠闲且无所作为的生活）而游，不则当面错过。何也？前此欲登而不可，后此欲眺而不能，则是又有一年之别矣。有金石之交者，及此时朝夕过从，不则交臂而失。何也？襏襫（襏襫：夏天用来遮阳的斗笠，后指不明晓事理，不懂事）阻人于前，咫尺有同千里；风雪欺人于后，访戴何异登天？则是又负一年之约矣。至于姬妾之在家，一到此时，有如久别乍逢，为欢特异。何也？暑月汗流，求为盛妆而不得，十分娇艳唯四五之仅存；此则全副精神，皆可用于青鬟翠黛之上。久不睹而今忽睹，有不舆远归新娶同其燕好者哉？

为欢节欲，视其精力短长，总留一线之余地。能行百里者，至九十而思休；善登浮屠者，至六级而即下。此房中秘术，请为少年场授之。

冬季行乐之法

*

冬天行乐，必须设身处地，幻为路上行人，备受风雪之苦，然后回想在家，则无论寒燠晦明，皆有胜人百倍之乐矣。尝有画雪景山水，人持破伞或策蹇驴，独行古道之中，经过悬崖之下，石作狰狞之状，人有颠蹶之形者。此等险画，隆冬之月，正宜悬挂中堂。主人对之，即是御风障雪之屏，暖胃和衷之药。若杨国忠之肉屏（肉屏：唐玄宗时外戚杨国忠当政，其行事极为奢靡，冬天常选身材丰满之婢妾，让她们并排于前，用人气相暖以挡寒风，又称肉阵），党太尉之羊羔美酒，初试或温，稍停则奇寒至矣。

善行乐者，必先作如是观，而后继之以乐，则一分乐境，可抵二三分，五七分乐境，便可抵十分十二分矣。然一到乐极忘忧之际，其乐自能渐减，十分乐境，只作得五七分，二三分乐境，又只作得一分矣。须将一切苦境又复从头想起，其乐之渐增不减又复如初。此善讨便宜之第一法也。譬之行路之人，计程共有百里，行过七八十里，所剩无多，然无奈望到心坚，急切难待，种种畏难怨苦之心出矣。但一回头，计其行过之路数，则七八十里之远者可到，况其少而近者乎？譬如此际止行二三十里，尚余七八十里，则苦多乐少，其境又当何如？此种想念、非但可为行乐之方，凡居官者之理繁治剧，学道者之读书穷理，农工商贾之非劳即勤，无一不可倚之为法。噫！人之行乐何与于我，而我为之嗓敝舌焦、手腕几脱。是殆有媚人之癖，而以楮墨代脂韦（脂韦：油脂和软皮）者乎？

随时即景就事行乐之法

*

行乐之事多端，未可执一而论。如，睡有睡之乐，坐有坐之乐，行有行之乐，立有立之乐，饮食有饮食之乐，盥栉有盥栉之乐，即袒裼裸裎、如厕便溺，种种秽亵之事，处之得宜亦各有其乐。苟能见景生情，逢场作戏，即可悲可涕之事亦变欢娱；如其应事寡才，养生无术，即征歌选舞之场亦生悲戚。兹以家常受用，起居安乐之事，因便制宜，各存其说于左。

睡

有专言法术之人，遍授养生之诀，欲予北面事之。予讯益寿之功，何物称最？颐生之地，谁处居多？如其不谋而合，则奉为师，不则友之可耳。其人曰：“益寿之方，全凭导引，安生之计，唯赖坐功。”予曰：“若是，则汝法最苦，惟修苦行者能之。予懒而好动且事事求乐，未可以语此也。”其人曰：“然则汝意云何？试言之，不妨互为印证。”予曰：“天地生人以时，动之者半，息之者半。动则旦而息则暮也。苟劳之以日，而不息之以夜，则旦旦而伐之，其死也，可立而待矣。吾人养生亦以时，扰之以半，静之以半，扰则行起坐立，而静则睡也。如其劳我以经营，而不逸我以寝处，则岌岌乎殆哉！其年也，不堪指屈矣。若是，则养生之诀，当以善睡居先。睡能还精，睡能养气，睡能健脾益胃，睡能坚骨壮筋。如其不信，试以无疾之人与有疾之人合而验之。

人本无疾而劳之以夜，使累夕不得安眠，则眼眶渐落而精气日颓，虽未即病，而病之情形出矣；患疾之人，久而不寐，则病势日增，偶一沉酣，则其醒也必有油然勃然之势。是睡非睡也，药也；非疗一疾之药，乃治百病、救万民，无试不验之神药也。兹欲从事导引，并力坐功，势必先遣睡魔，使无倦态而后可。予忍弃生平最效之药，而试未必果验之方哉？”其人艴然而去，以予不足教也。

予诚不足教哉！但自陈所得，实为有见而然，与强辩饰非者稍别。前人睡诗云：“花竹幽窗午梦长，此中与世暂相忘。华山处士如容见，不觅仙方觅睡方。”近人睡诀云：“先睡心，

后睡眼。”此皆书本唾余，请置弗道，道其未经发明者而已。睡有睡之时，睡有睡之地，睡又有可睡、可不睡之人，请条晰言之。由戌至卯，睡之时也；未戌而睡，谓之先时，先时者不祥，谓与疾作思卧者无异也；过卯而睡，谓之后时，后时者犯忌，谓与长夜不醒者无异也。且人生百年，夜居其半，穷日行乐，犹苦不多，况以睡梦之有余而损宴游之不足乎？

有一名士善睡，起必过午，先时而访，未有能晤之者。予每过其居，必俟良久而后见。一日闷坐无聊，笔墨俱在，乃取旧诗一首，更易数字而嘲之曰：“吾在此静睡，起来常过午；便活七十年，止当三十五。”同人见之，无不绝倒。此虽谑浪，颇关至理。是当睡之时，止有黑夜，舍此皆非其候矣。然而午睡之乐，倍于黄昏，三时皆所不宜，而独宜于长夏。非私之也，长夏之一日，可抵残冬之二日；长夏之一夜，不敌残冬之半夜，使止息于夜，而不息于昼，是以一分之逸，敌四分之劳，精力几何，其能堪此？况暑气铄金，当之未有不倦者。倦极而眠，犹饥之得食，渴之得饮，养生之计，未有善于此者。午餐之后，略逾寸晷，俟所食既消而后徘徊近榻。又勿有心觅睡，觅睡得睡，其为睡也不甜。必先处于有事，事未毕而忽倦，睡乡之民自来招我。桃源、天台诸妙境原非有意造之，皆莫知其然而然者。予最爱旧诗中有“手倦抛书午梦长”一句。手书而眠，意不在睡；抛书而寝，则又意不在书，所谓莫知其然而然也。睡中三昧，唯此得之。此论睡之时也。

睡又必先择地。地之善者有二，曰静，曰凉。不静之地，止能睡目，不能睡耳，耳目两歧岂安身之善策乎？不凉之地，止能睡魂，不能睡身，身魂不附乃养生之至忌也。

至于可睡可不睡之人，则分别于“忙”“闲”二字。就常理而论之，则忙人宜睡，闲人可以不必睡。然使忙人假寐，止能睡眼不能睡心，心不睡而眼睡，犹之未尝睡也。其最不受用者，在将觉未觉之一时，忽然想起某事未行，某人未见、皆万万不可已者，睡此一觉，未免失事妨时，想到此处，便觉魂趋梦绕，胆怯心惊，较之未睡之前更加烦躁，此忙人之不宜睡也。闲则眼未阖而心先阖，心已开而眼未闲；已睡较未睡为乐，已醒较未醒更乐，此闲人之宜睡也。然天地之间，能有几个闲人？必欲闲而始睡，是无可睡之时矣。

有暂逸其心以妥梦魂之法：凡一日之中，急切当行之事，俱当于上半日告竣；有未竣者，则分遣家人代之，使事事皆有着落，然后寻床觅枕以赴黑甜（黑甜：酣睡之意），则与闲人无别矣。此言可睡之人也。而尤有吃紧一关未经道破者，则在莫行歹事。“半夜敲门不吃惊”始可于日间睡觉，不则一闻剥啄（剥啄：仿敲门或下棋之声），即是逻卒（逻卒：巡逻、逡巡的士兵）到门矣。

沐浴

盛暑之月，求乐事于黑甜之外，其唯沐浴乎？潮垢非此

不除，浊污非此不净，炎蒸暑毒之气亦非此不解。此事非独宜于盛夏，自严冬避冷，不宜频浴外，凡遇春温秋爽，皆可借此为乐。而养生之家则往往忌之，谓其损耗元神也。吾谓，沐浴既能损身，则雨露亦当损物，岂人与草木有二性乎？然沐浴损身之说，亦非无据而云然。

予尝试之。试于初下浴盆时，以未经浇灌之身，忽遇澎湃奔腾之势，以热投冷，以湿犯燥，几类水攻。此一激也，实足以冲散元神耗除精气。而我有法以处之，虑其太激则势在尚缓；避其太热则利于用温。解衣磅礴之秋，先调水性，使之略带温和，由腹及胸、由胸及背，唯其温而缓也，则有水似乎无水，已浴同于未浴。俟与水性相习之后，始以热者投之，频浴频投、频投频搅，使水乳交融而不觉，渐入佳境而莫知，然后纵横其势，反侧其身，逆灌顺浇，必至痛快其身而后已。此盆中取乐之法也。至于富室大家，扩盆为屋，注水于池者，冷则加薪，热则去火，自有以逸待劳之法，想无俟贫人置喙也。

新出图证（鄂）字03号

图书在版编目（CIP）数据
不敢不乐 / 韩良露著. -- 武汉：长江文艺出版社，2016.12
ISBN 978-7-5354-9287-6

Ⅰ.①不… Ⅱ.①韩… Ⅲ.①散文集-中国-当代 Ⅳ.①I267

中国版本图书馆CIP数据核字（2016）第273547号

版权登记号：17-2016-361
本著作权简体版由有鹿文化事业有限公司授权中国大陆地区（不包括台湾、香港及其他海外地区出版）
本书照片由拍摄者朱全斌授权。

策　　划：刘　平　　责任编辑：吴　双　赵明明
封面设计：棱角视觉　　产品经理：赵明明
责任校对：许　罡　　责任印制：张　涛

出版：长江出版传媒 | 长江文艺出版社
地址：武汉市雄楚大街268号　　邮编：430070
发行：长江文艺出版社
北京时代华语图书股份有限公司　（电话：010-83670231）
http：//www.cjlap.com
印刷：北京中科印刷有限公司

开本：880毫米×1230毫米　1/32　　印张：7
版次：2016年12月第1版　　2016年12月第1次印刷
字数：160千字

定价：45.00元